できる100の新法則

Tableau
タブロー
ビジュアルWeb分析
データを収益に変えるマーケターの武器

木田和廣&できるシリーズ編集部

インプレス

著者プロフィール

木田和廣（きだ かずひろ）
株式会社プリンシプル 副社長／チーフ・エバンジェリスト
1989年、早稲田大学政治経済学部卒業。豊田通商、カーポイント（現カービュー）を経て、2004年からWeb解析業界でのキャリアをスタートする。2009年からGoogleアナリティクスに基づくWeb解析コンサルティングに従事し、同年より個人資格（GAIQ）を継続保有。Googleアナリティクス公式ヘルプフォーラムで2,000回以上の回答数を持ち、Googleから同フォーラム初の「トップレベルユーザー」として認定される。

2013年よりWeb解析にTableauを取り入れ、株式会社プリンシプルのTableau Bronze Reseller認定に尽力するとともに、個人資格であるTableau Desktop 9 Qualified Associateを保有。アナリティクスアソシエーション（a2i）などでTableauをテーマとしたセミナー講師を務めるほか、2015年1月には日本初の解説書『WEBマーケターのためのTableau入門（操作編）』を執筆、電子書籍として個人で出版する。著書に『できる逆引き Googleアナリティクス Web解析の現場で使える実践ワザ240』（インプレス）。

株式会社プリンシプル：https://www.principle-c.com/

読者特典のダウンロードについて

本書をご購入いただいた読者のみなさま向けに、全文を収録した「電子書籍」（PDF版）と、手順をすぐに試せる「練習用ファイル」（Tableau/Excel形式）をご提供します。以下のURLからダウンロードしてください。

http://book.impress.co.jp/books/1116101008

- 電子書籍は上記ページの［特典］の項目をご覧ください。ダウンロードにはCLUB Impressへの会員登録（無料）が必要です。
- 練習用ファイルは［ダウンロード］の項目をご覧ください。紙面の内容に対応する練習用ファイルは、手順内にファイル名を記載しています。ファイル内のデータは紙面と完全に同じではない場合がありますが、操作は問題なく再現できます。

まえがき

　Tableauを初めて知ったのは、2013年11月、米国サンフランシスコにおけるGoogleアナリティクス認定パートナーとの打ち合わせの席でのことでした。

　当時、私は自社がパートナーとなるための最終ステップとして、Google本社で口頭試問を受けるために出張していました。せっかくなので米国の同業者事情を知りたいと、半ば飛び込みで時間を作ってもらい、現地のパートナー他社にヒアリングをしていたのです。「御社ではレポーティングに、どのようなツールを使っていますか？」──そうした私の問いに対して見せてくれたのがTableauです。

　おそらく10分弱だったかと記憶していますが、私に衝撃を与えるには十分な時間でした。日付ディメンションの自在な取り扱い、ドラッグ＆ドロップによるラインチャートの分割、一瞬で適用できるフィルター、あっという間のデータ更新……。「データから知見を引き出す」という知的な作業としてのWebコンサルティングにおいて、仕事の効率を高め、質を向上させるポテンシャルを強く感じました。

　帰国後すぐに、まずはユーザーとしてTableauの利用を開始しましたが、あっという間にその魅力に引き込まれていきます。今ではGoogleアナリティクスの画面でデータを探索することはほぼなく、リスティング広告のデータも、SEOのデータも、すべてTableauで分析を行うことが日常となっています。

　「WebマーケターにとってのTableauとは？」を比喩的に表現するとき、私は好んで次の言葉を使います。「脳に装着するパワードスーツ」。100kgの米俵を軽々と運べるパワードスーツがあるとすれば、Tableauはそれを脳に装着したかのようにデータ探索を早め、深め、広げます。そのパワーは圧倒的なため、Tableauを使えるか、使えないかで、Webマーケターとしての価値にすら差がつくと感じています。

　本書がWebマーケターのみなさんとTableauの出会いのきっかけとなり、また、Tableauを早く学ぶためのお役に立てれば最高の喜びです。

2016年8月

木田和廣

目次

著者プロフィール／読者特典 …………………2
まえがき …………………………………3

本書の読み方 ……………………………… 11
ビジュアライズダイジェスト ……………… 12

序章　BIツールとTableauの基礎知識　17

基本1　Tableauの役割
Webマーケターを取り巻く環境とTableauの役割を理解する …………… 18

基本2　Tableauの概要
Tableauの製品構成とライセンスについて理解する ……………………… 21

コラム　**WebマーケターにとってのTableauとは？** ……………………… 24

第1章　データソースへの接続と結合・抽出　25

1　データ接続の基本
Tableauから接続できるデータソースについて理解する ………………… 26

2　Excel/CSVファイルへの接続
ExcelやCSVのデータを正しく取得する方法を理解する ………………… 28

3　ピボットの利用
クロス集計表のExcelファイルは複数列を1列にまとめる ……………… 32

4　データインタプリターの利用
Excelファイルの余計な行や空白行は接続時に除去する ………………… 34

5　データの結合
共通の列を持つ複数の表は結合してから取り込む ……………………… 36

6　データのユニオン
時系列データのファイルはユニオンで行を追加する …………………… 39

7　データのブレンド
異なるデータソースは共通項目を作ってブレンドする ………………… 40

8　Googleアナリティクスへの接続
Googleアナリティクスへの接続時は分析目的を意識する ……………… 44

9　2つのGoogleアナリティクスへの接続
複数サイトの同時分析ではディメンションを一致させる ……………… 48

10　Googleスプレッドシートへの接続
Googleスプレッドシートはアドオンと併せて活用する ………………… 50

11 Google BigQueryへの接続
クラウド大規模DBに格納したビッグデータを可視化する ·················· 52

12 リスティング広告のデータへの接続
リスティング広告の分析にはファイル接続を活用する ·················· 54

13 データソースの置換
整形済みのデータソースを再利用して準備を効率化する ·················· 55

14 抽出ファイルの作成と設定
必要なデータを抽出してビジュアライズを高速化する ·················· 58

15 データソースフィルターの設定
リアルタイムな分析でのデータ量を削減する ·················· 62

16 日付のプロパティの調整
レポートの開始日は年度や営業日に合わせる ·················· 63

コラム **Garbage in, garbage out.** ·················· 64

第2章 ディメンションとメジャーの整形 65

17 ディメンションとメジャーの名前の変更
データの項目名は誰でもわかる名前にする ·················· 66

18 ディメンションとメジャーのフォルダー分け
同じ種類のデータはまとめて一覧性を高める ·················· 67

19 ディメンションとメジャーの切り替え
数値のディメンションを指標として活用する ·················· 68

20 ディメンションメンバーへの別名の付与
ディメンション内の冗長な項目名には別名を付ける ·················· 69

21 ディメンションの階層化
チャネルや地域は階層化してドリルダウンを実現する ·················· 70

22 ディメンションへの地理的役割の付与
都道府県のデータは地図での可視化に活用する ·················· 72

23 ディメンションの結合
2つのディメンションの掛け合わせは結合で実現する ·················· 74

24 ディメンションの分割
文字列による分割で独立したディメンションを作成する ·················· 76

25 メジャーの集計方法の変更
集計方法の違いによるメジャーの値の変化を理解する ·················· 78

26 メジャーの数値形式の変更
メジャーの値には適切や単位や形式を設定する ·················· 80

27 グループの作成
細かいディメンション項目はグループ化して数を絞る ················ 82

28 セットの作成
条件でまとめられる項目はセットで分類する ····················· 86

29 ビンの設定
ヒストグラムはビンの調整で収まりのいい形に整える ·············· 90

30 ビューに対するフィルターの適用
注目させたいデータはフィルターで絞り込む ····················· 92

31 フィルターのオプションとコンテキストフィルター
意図どおりにデータを見せる高度なフィルターを理解する ············ 96

32 連続と不連続による表示の変化
データの見え方を左右する連続と不連続を理解する ·············· 100

33 計算フィールドの作成
直帰率やコンバージョン率は計算式で正確な値を求める ··········· 104

34 計算フィールドによるディメンションの整形とグルーピング
ビジュアライズの障害となる不整形なデータに対処する ··········· 107

35 計算フィールドの応用
合目的なデータを作るさまざまな計算式を理解する ·············· 112

コラム 覚えておきたい正規表現 ··· 116

第3章　多彩な表現を使ったビジュアライズ　　117

36 ワークシートの基本操作
ビジュアライズの土台となるワークシートを理解する ·············· 118

37 折れ線グラフの作成
日別セッション数の推移でグラフの基本を理解する ··············· 121

38 クロス集計表の作成
リスティング広告の主要指標で集計表の基本を理解する ··········· 124

39 グラフの分割
影響度の高いセグメントはグラフを分割して見つける ············· 126

40 二重軸と軸の同期
複数の指標の変動は二重のグラフで表現する ···················· 128

41 標準偏差の分布帯と平均線の追加
グラフに標準偏差を重ねて異常値を明確にする ················· 130

42 棒グラフと円グラフの作成
メディア別コンバージョン数で棒・円グラフの基本を理解する ········· 132

43 ディメンションメンバーの並べ替え
階層化されたビューはひと手間かけて並べ替える ……………… 134

44 ディメンションメンバーのビューからの除外
重要度の低い項目は除外してノイズを抑える ……………… 138

45 ビューのタイトルの動的な変更
月別の推移を表すビューにはタイトルに「前月比」を付ける ……… 140

46 グラフの色の動的な変更
増減や異常値の把握には色を最大限に活用する ……………… 142

47 凡例ハイライトとデータハイライター
注視させたい項目はハイライトで目立たせる ……………… 144

48 色塗りマップの作成
都道府県別コンバージョン率は地図の色分けで表現する ………… 146

49 色の調整
はっきりと区別したい色はパレットと段階を指定する …………… 147

50 積み上げ棒グラフの作成
メディアの構成比は棒グラフの色分けで表現する ……………… 148

51 並列棒グラフの作成
2つの階層での比較には並列棒グラフを活用する ……………… 150

52 ヒストグラムの作成
日別セッション数の分布はヒストグラムで表現する …………… 152

53 ツリーマップの作成
量と質の同時比較にはツリーマップを活用する ……………… 154

54 散布図の作成
2つの指標の相関は散布図で検証する ……………… 156

55 散布図の表現方法の調整
相関の有無の検証は表現方法や傾向線で工夫する …………… 158

56 ハイライト表の作成
セグメント別CVRの高低はハイライト表で理解する …………… 162

57 パレート図の作成
売上貢献度の高い商品はパレート図で明らかにする …………… 164

58 箱ひげ図の作成
曜日別の指標のばらつきは箱ひげ図で分析する ……………… 166

59 パラメーターの作成とフィルターでの利用
上位○件や特定日の表示はパラメーターで実現する ………… 169

60 書式設定
ワークブックやシートには見やすい書式を設定する …………… 172

61 エクスポート
ビューの外部利用にはExcel/PDF出力で対応する …………… 174

| コラム | 表情の異なるマップを描ける「Mapbox」 | 176 |

第4章　ダッシュボードでの一覧化と共有　177

62 ダッシュボードの概要
見やすいダッシュボードの要件を理解する 178

63 ダッシュボードの作成とワークシートの配置
ダッシュボードの各要素は画面を有効活用して配置する 180

64 ダッシュボードのサイズ変更とデバイス最適化
ダッシュボードのサイズは閲覧環境に合わせて定義する 183

65 ワークシート以外のオブジェクトの配置
ダッシュボードを補足する4つのオブジェクトを理解する 186

66 ダッシュボードのフィルターアクション
複数のシートを動的に絞り込むフィルターを用意する 188

67 ダッシュボードのURLアクション
キーワードやLPの分析にはページ確認用の仕掛けを作る 192

68 ダッシュボードのハイライトアクション
混み合ったビジュアライズはハイライトの工夫で見やすくする 195

69 ストーリーの作成
流れで見せたいビューはストーリーとしてまとめる 196

70 ビジュアライズの共有
ワークブックを共有する2つの方法を理解する 198

71 Tableau Readerでの閲覧
無償のリーダーアプリを社内共有に活用する 200

72 Tableau Onlineへのパブリッシュ
ブラウザーでアクセスできる分析環境を用意する 201

73 Tableau Onlineでのユーザー設定
ビジュアライズの共有には閲覧ユーザーを作成する 204

74 Tableau Onlineでのワークブックの作成・編集
パブリッシュ済みのデータはオンラインで手直しする 206

75 Tableau Onlineでのデータ更新の自動化
定期レポートはサーバーでの自動更新を設定する 208

76 相対日付フィルターとTableau Onlineでの自動更新
常に「直近31日間」の表示で定期チェックを効率化する 210

| コラム | 時には使いたいチャーミングなビジュアル表現 | 212 |

第5章　知見を導く高度なビジュアライズ　213

77 簡易表計算による累計の表現
月途中のアクションは指標の「累計」から判断する……………… 214

78 簡易表計算による構成比の表現
実数と構成比を並べて正しい傾向を把握する ……………… 216

79 簡易表計算による移動平均の表現
中期的な時系列データは移動平均で可視化する ……………… 218

80 簡易表計算によるランクの表現
ページビュー数の多い記事はランキングチャートで推移を見る ………… 220

81 セットによる貢献度の分析
特定コンテンツのCV貢献度はセットで分けて比較する ……………… 222

82 ブレットグラフによる予実差異の分析
目標への到達度はブレットグラフで表現する ……………… 224

83 バーインバーチャートによる予実差異の分析
目標の達成・未達はバーインバーチャートで描く……………… 226

84 ウォーターフォールチャートによる収益差異の分析
商品カテゴリ別の前月比は滝グラフで分析する ……………… 228

85 パラメーターによる日付レベルの切り替え
期間が重要なレポートでは日や月の切り替えを用意する ……………… 230

86 パラメーターによるディメンションの切り替え
動的なセグメント選択で分析の切り口を増やす ……………… 232

87 パラメーターによるダイナミック散布図の作成
多数の指標の相関は動的な散布図で網羅する ……………… 234

88 パラメーターによる動的なファンチャートの作成
基準日からの成長率はファンチャートで求める……………… 236

89 ヒットベースデータとLOD式によるコホート分析
ユーザーの再訪問の傾向はコホート分析で検証する ……………… 238

コラム　**Tableau 10から「クラスター分析」が標準機能に** ……………… 242

第6章　成果の改善につながる分析アイデア　243

90 検索順位からの要改善ページの発見
ページのタイトルと概要は「検索順位×CTR」で評価する ……………… 244

91 ランディングページからの高CVR導線の発見
目的達成効率の高い導線は「2ページ目」から見つける ……………… 246

92 既訪問回数に基づくリマーケティング施策立案
再訪を促す広告施策は「セッションの数」から判断する ……………… 248

93 ビッグファネルによるボトルネックの発見
ECサイトの弱点は「ビッグファネル」から探し出す ……………… 250

94 タイムターゲティングの伸びしろの発見
CVRが高まる「曜日×時間」はハイライト表で可視化する ……………… 252

95 累計ページビュー数による人気記事の発見
コツコツとPVを稼ぐ記事は累計で正しく評価する ……………… 254

96 モーション散布図によるリスティング広告の検証
キャンペーンの運用履歴は時系列の散布図で明解にする ……………… 256

97 地図と円グラフによるグローバルSEOの検証
国別の自然検索流入は地図上の円グラフで表現する ……………… 258

98 多数の指標を見渡すスパークラインの表現
リスティング広告のトレンドはスパークラインで一望する ……………… 260

99 GSCとGAのデータ結合によるSEO施策立案
検索からのCV改善にはLPで結合したデータを使う ……………… 262

100 季節変動を吸収した中期トレンドの表現
1年間の指標推移はZチャートで全体像を描く ……………… 264

コラム さらなる情報源を求めて ……………… 268

索引 ……………… 269

本書は、2016年8月時点での情報を掲載しています。

「できる」「できるシリーズ」は、株式会社インプレスの登録商標です。

本書に記載されている製品名やサービス名は、一般に各開発メーカーおよびサービス提供元の商標または登録商標です。

なお、本文中には ™ および ® マークは明記していません。

Copyright © 2016 Kazuhiro Kida and Impress Corporation. All rights reserved.

本書の内容はすべて、著作権法によって保護されています。著者および発行者の許可を得ず、転載、複写、複製等の利用はできません。

本書の読み方

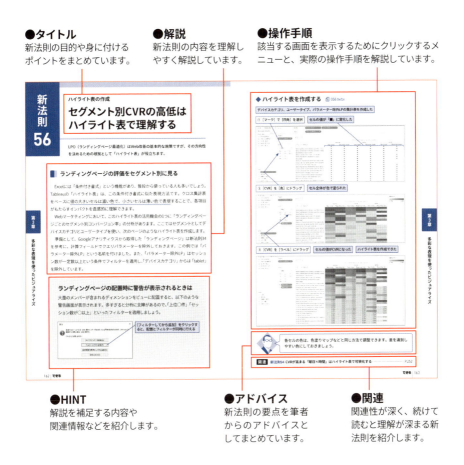

●タイトル
新法則の目的や身に付ける
ポイントをまとめています。

●解説
新法則の内容を理解し
やすく解説しています。

●操作手順
該当する画面を表示するためにクリックするメニューと、実際の操作手順を解説しています。

●HINT
解説を補足する内容や
関連情報などを紹介します。

●アドバイス
新法則の要点を筆者
からのアドバイスと
してまとめています。

●関連
関連性が深く、続けて
読むと理解が深まる新
法則を紹介します。

※ここで紹介している紙面はイメージです。実際の本書紙面とは異なります

●用語の使い方
本文中で使用している用語は、基本的に実際の画面に表示される名称に則っています。

●本書の前提
本書は「Tableau Desktop 10 Professional Edition」と「Windows 10」「Google Chrome」がインストールされているパソコンで、インターネットに常時接続されている環境を前提に画面を再現しています。

ビジュアライズダイジェスト

本書には、Tableauで作成したさまざまな「ビジュアライズ」が登場します。ここでは色が重要な意味を持つものを中心に、その一部を紹介します。多くのビジュアライズは練習用ファイル（2ページを参照）としてもダウンロード可能です。

デバイスカテゴリ別、ユーザータイプ別の推移を把握

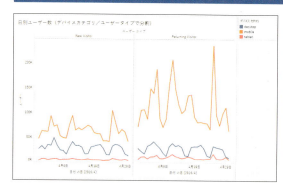

日別セッション数の折れ線グラフを、デバイスカテゴリの色、ユーザータイプの左右で分割。ある指標をセグメント別に見る基本テクニックです。

関連 新法則39
影響度の高いセグメントはグラフを分割して見つける……P.126

動的に変化する色で増減や異常値をわかりやすく

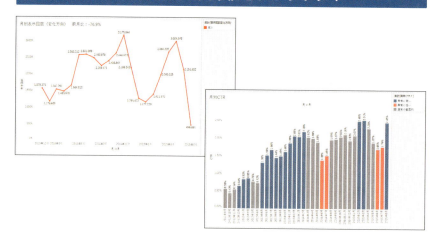

リスティング広告の月別表示回数を示す左側の折れ線グラフは、前月比プラスなら青、マイナスなら赤に変化します。月別CTRを示す右側の棒グラフは、直近12か月の平均値から標準偏差の分、離れた値を異常値と見なし、動的に塗り分けます。

関連 新法則46
増減や異常値の把握には色を最大限に活用する……P.142

日々の変動に平均的なパフォーマンスの範囲を重ねる

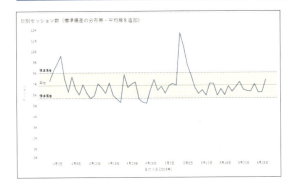

標準偏差の分布帯と平均線を日別セッション数の折れ線グラフに追加。通常起こり得る範囲の変動を明確にし、異常値の発見を容易にします。

関連 新法則41
グラフに標準偏差を重ねて異常値を明確にする……P.130

はっきりと塗り分けた地図で好不調を明確に

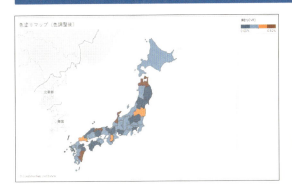

地理的な関係を把握しやすい色塗りマップのビジュアライズを、オレンジからブルーに変化する4段階で色分け。都道府県ごとのコンバージョン率の高低が一瞬でわかります。

関連 新法則49
はっきりと区別したい色はパレットと段階を指定する……P.147

キャンペーンごとのクリック数とCPAを同時に表現

面積に量的な指標（クリック数）、色に質的な指標（CPA）を割り当てたツリーマップを作成。効率の良い／悪いリスティング広告のキャンペーンが浮かび上がります。

関連 新法則53
量と質の同時比較にはツリーマップを活用する……P.154

起きていることの全体像を「ダッシュボード」に集約

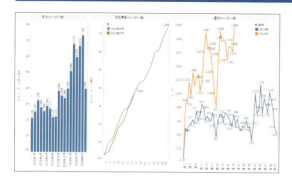

Tableauで作成したビジュアライズ（ワークシート）は、ダッシュボードとして1画面にまとめられます。必要な情報をひと目で理解でき、情報共有や意志決定に生かせます。

関連 新法則63
ダッシュボードの各要素は画面を有効活用して配置する……P.180

メディア別の実数と構成比を並べて可視化

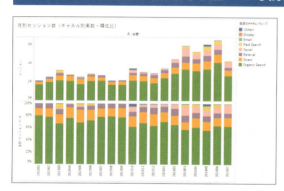

月別セッション数に占めるorganic、cpc、referralなどの内訳を積み上げ棒グラフで表現。100%積み上げ棒グラフと並べることで、新しい気付きが得られます。

関連 新法則78
実数と構成比を並べて正しい傾向を把握する……P.216

ページビュー数トップ10記事の順位変動を把握

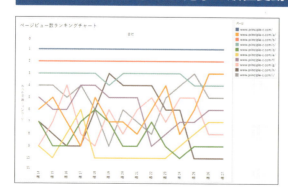

ページごとのパフォーマンスの把握には、ランキングチャートが有効です。「1位のページは前月も前々月も1位だったのか？」に答えるビジュアライズになります。

関連 新法則80
ページビュー数の多い記事はランキングチャートで推移を見る……P.220

予実差異の分析に「ブレットグラフ」を取り入れる

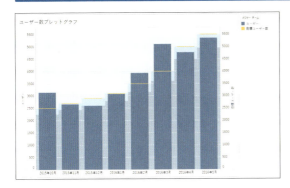

実績を表す棒グラフに、目標のラインとバンド（分布帯）を重ねた表現がブレットグラフです。「目標の90〜100%の範囲に到達したか？」などを表すのに適しています。

関連　新法則82
目標への到達度はブレットグラフで表現する……P.224

目標達成の可否を「バーインバーチャート」で明確化

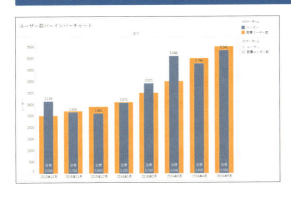

同じく予実差異の分析に役立つ表現にバーインバーチャートがあります。重なった2本のバーで、実績が目標を上回ったかどうかを端的に表せます。

関連　新法則83
目標の達成・未達はバーインバーチャートで描く……P.226

収益差異へのインパクトをカテゴリごとに分析

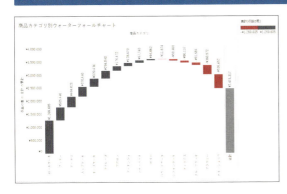

売り上げの増減への影響が大きい商品カテゴリを把握するには「ウォーターフォールチャート」（滝グラフ）が最適です。プラスなら黒、マイナスなら赤に塗り分けています。

関連　新法則84
商品カテゴリ別の前月比は滝グラフで分析する……P.228

「ダイナミック散布図」で複数の指標の相関を調べる

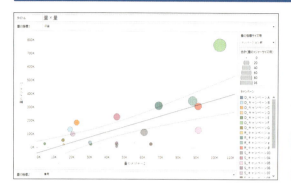

2つの指標における相関を確認したいとき、「パラメーター」機能を使った動的な散布図を作成すれば、1つのワークシートでさまざまな指標を切り替えられます。

関連　新法則87
多数の指標の相関は動的な散布図で網羅する……P.234

ハイライト表でタイムターゲティングの有効性を検証

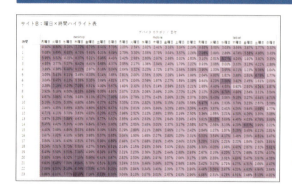

「曜日×時間」のコンバージョン率の高低を色の濃さで示したハイライト表を作成すれば、時間帯を指定したリスティング広告を出稿すべきかどうかを判断できます。

関連　新法則94
CVRが高まる「曜日×時間」はハイライト表で可視化する……P.252

継続してPVを稼いでいる「隠れた良記事」を見つける

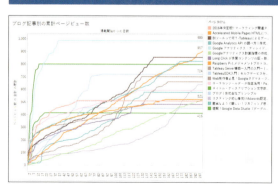

ブログやオウンドメディアの記事の評価は、「今月のトップ10」だけでは不十分です。公開初日からの累計ページビュー数で、長期的に読まれている記事を発見できます。

関連　新法則95
コツコツとPVを稼ぐ記事は累計で正しく評価する……P.254

序　章

BIツールとTableauの
基礎知識

本章では「BIツールとは何か」「BIツールの中でも、Tableauが持つ
特徴は何か」について解説します。そのうえで、TableauがWebマー
ケターの業務をどのように支援し、いかなるメリットが得られるの
かを理解しましょう。

基本 1

Tableauの役割

Webマーケターを取り巻く環境と Tableauの役割を理解する

BIツールの一種である「Tableau」（タブロー）は、Webマーケターにとって今後、ますます必要性が高まっていきます。その背景を振り返っておきましょう。

■ 大型化したデータはツールなしでは分析不能

コンピューターの性能の向上、データベースソフトウェアの進化、ストレージの低価格化によって、企業が保有・蓄積するデータが急激に大型化しています。こうした「ビッグデータ」を背景として、ここ数年で大きな存在感を発揮するようになってきたのが、「BIツール」と呼ばれる種類のアプリケーションソフトウェアです。

BI（Business Intelligence）とは、大量のデータを処理・分析することで、企業の意思決定に役立つ知見を得るための手法を指します。BIツールが存在感を増す理由には、企業が扱うデータが大きくなりすぎた結果、ツールの手助けなしには、データが示す事実の把握やビジネス上の課題の発見が難しくなっている、という事実があります。

■ BIツールの2大目的は「集計」と「発見」

BIツールは大量のデータを処理する能力に加えて、柔軟に「ビジュアライズ」（可視化／見える化）する能力を併せ持ちます。こうした能力をベースに、データ分析の基本フレームワークである比較・関連・構成・分布などを見る機能をユーザーに提供することで、データの意味を直感的に理解することを助けます。利用目的としては、次の2つに大別できるでしょう。

①レポーティング

社内外の関係者に、定期的にアップデートされる定型のレポートを共有する目的。「集計型分析」とも呼ばれます。

②データディスカバリー

事業活動における課題を解決するため、合目的性の高い（その課題をより効率的に解決できる）対策を発見する目的。「発見型分析」とも呼ばれます。

BIツール市場をリードする代表的製品「Tableau」

　本書のテーマである「Tableau」（タブロー）は、①と②の双方に優れたバランスのいい製品として世界中で注目を集めているBIツールです。本書でも大半の紙面を割いて解説する中核製品「Tableau Desktop」（タブロー・デスクトップ）は、特にデータディスカバリーに強みを持ちます。

　開発元は米国シアトルに本社を置くTableau Softwareで、2013年には日本市場における製品の販売・サポートを目的としたTableau Japanが設立されました。2016年8月現在、世界で42,000社以上、日本で2,000社以上の企業で利用されています。

　BIツールにはTableau以外にも、さまざまな製品と開発元があります。競合製品の中でのポジションについては、IT分野の調査会社・Gartner（ガートナー）が発表している「Magic Quadrant」（マジック・クアドラント）の信頼性が高いとされていますが、Tableauは2016年2月に発表されたBIツールのMagic Quadrantにおいて「Leaders」のポジションを獲得しました。これは市場のニーズに対応する成熟した製品の開発元に与えられるポジションで、Tableauは過去4年間、連続してLeadersに位置付けられています。

◆ BIツールにおけるGartnerのMagic Quadrant（2016年版）

縦軸に「Ability to execute」（実行能力）、横軸に「Completeness of vision」（ビジョンの完全性）をとって4つの象限に区切り、両軸とも高いスコアとなる第1象限に位置するベンダーをLeadersと見なす。Tableauと同じくLeadersを獲得したのは、「QlikView」を提供するQlikと「Power BI」を提供するMicrosoft。

URL　Tableau Software | Magic Quadrant　http://get.tableau.com/gartner-magic-quadrant-2016.html

次のページへ

Webマーケターはデータに囲まれる職業

Tableauは世界のさまざまな産業分野で利用されており、ビジュアライズのために読み込まれるデータは、医学、社会学、生産技術に至るまで種類を問いません。それだけ高度なデータ処理と可視化の能力を持っているわけですが、本書では「Webマーケティング」の分野に絞って解説を進めていきます。

Webマーケティングは身近でありながら、「データが日々蓄積され、膨大になっている」分野であり、同時に「その活動結果について、正確で精緻なデータを取得しやすい」という特徴があります。Webマーケターである読者のみなさんも、日々蓄積される大量のデータに囲まれていることでしょう。

加えて、Webサイトに留まらず、アプリやFacebookページ、POSと連動した購入データ、IoT技術で取得される行動データといった実店舗における顧客の利用状況もデータ化され、さらにはCRMと連携した利用状況と属性の統合までもが現在進行形の課題となり、我々が扱わなければならないデータはますます増えていくことが予想されます。

「分析時間の短縮」と「質の高い分析」を両立

こうした膨大な、多様化するデータを日々扱う中で、Webマーケターに求められる業務は次の3つに集約できます。

- 日々のKPIやKGIに異常が起きていないかを確認する
- マーケティング活動から最大の成果を引き出す施策を考え、実施する
- 上長や同僚に対して、マーケティング活動に関する説明責任を果たす

以上の業務遂行の優劣によって、Webマーケターとしての優劣、さらには所属する企業のデジタルマーケティングの優劣が決定されるため、どれもおろそかにはできません。しかしながら、Webマーケターの時間は有限です。「高いレベルの業務をこなしたいが、かけられる時間には限りがある」——この矛盾した状況の打開策となるのが、Tableauであると筆者は考えます。

TableauはWebマーケターの業務を正確かつ迅速に、柔軟性をもって遂行することを支援します。極めて現場的な視点でいえば、特に次の2点が強力です。

- システム部門に依存せず、Webマーケター自身が準備可能なデータを利用できる
- 一度「ダッシュボード」を作成すれば、データの自動更新でレポートが完成する

分析にかかる時間を短縮する一方で、質の高い分析を可能にする。この一見、相反する事象を両立させられるのがTableauであり、それゆえに、これからのWebマーケターにとっての「武器」と呼べるわけです。

基本
2

Tableauの概要

Tableauの製品構成と
ライセンスについて理解する

Tableau Softwareが提供している、Tableauの製品群について理解しましょう。ライセンスは無償で利用できるトライアル期間が用意されています。

■ PC向けソフトウェアとサーバー、スマホ向けアプリで構成

　Tableauの製品群は、以下の6つのアプリケーションやサーバーで構成されます。大きく分けてデスクトップ製品、サーバー製品、モバイルアプリがあり、すべての中核となる製品に「Tableau Desktop」があります。Tableau Desktopはデータのビジュアライズを行うための製品であるとともに、組織内で共有するための「パッケージドワークブック」の作成や、サーバー製品への「パブリッシュ」を行える唯一の製品でもあります。

　デスクトップ製品のみでもTableauの利用を始められますが、社内の複数人、または部門をまたいだ共有を前提とするなら、サーバー製品も検討するといいでしょう。本書では新法則72〜75で、サーバー製品の「Tableau Online」について解説しています。

◆ Tableauの製品構成

製品名	説明
デスクトップ製品	
Tableau Desktop ★	分析者（Webマーケター）が使う、パソコンにインストールするタイプのアプリケーションソフトウェア。Windows版（32bit/64bit）とMac版がある。接続先がファイルに限定される「Personal Edition」と、ファイルとサーバーの両方に接続できる「Professional Edition」がある。Webマーケターが業務上利用するのであればProfessional Editionが必要。
Tableau Reader	Tableau Desktopで作成し、「パッケージドワークブック」として保存したレポートを閲覧できるソフトウェア。フィルターなどのインタラクティブな操作も行える。
サーバー製品	
Tableau Server ★	Tableau Desktopで作成したレポートを、企業などの組織内で共有するためのWebアプリケーション。自社サーバーでの運用（オンプレミス）を前提とする。
Tableau Online ★	Tableau Serverのホスティング版。自社のサーバーを持たない企業でも、Tableau社が運用するクラウドを利用したレポートの共有が可能になる。
Tableau Public	Tableau Desktopで作成された公共性の高いレポートを共有するためのコミュニティ。ビジュアライズは全世界に向けて公開される。
モバイルアプリ	
Tableau Mobile	Tableau ServerおよびTableau Onlineにあるレポートを、スマートフォンやタブレットから閲覧するためのアプリケーション。iOS版とAndroid版がある。

（★は有償製品）

次のページへ

できる | 21

有償製品は買い切りのライセンス料＋年間保守料

Tableau Desktop、Tableau Server、Tableau Onlineは有償製品であり、ライセンス料および年間保守料がかかります。企業で導入する場合、具体的な金額はTableau社やリセラー各社から見積もりを取ることになりますが、おおよそは以下の表にあるとおりです。

◆ 有償製品の料金体系

製品名	料金体系
Tableau Desktop Professional Edition	**初期費用：約24万円** ライセンス料および初年の年間保守料が含まれる。ライセンスは買い切りとなり、翌年以降は年間保守料：約5万円のみが発生する。したがって、利用期間がN年の場合の料金は「約19万円＋（約5万円×N）」となる。
Tableau Server 10 Named Server	**初期費用：約120万円** 10ユーザーまでのアカウントを作成できるTableau Serverの最小構成製品。ライセンス料および初年の年間保守料が含まれる。ライセンスは買い切りとなり、翌年以降は年間保守料：約25万円のみが発生する。したがって、利用期間がN年の場合の料金は「約95万円＋（約25万円×N）」となる。なお、ユーザーが11人以上になる場合は、1ユーザーにつき12万円（ライセンス：9.5万円＋年間保守：2.5万円）で追加できる。
Tableau Server Core License	**初期費用：要見積もり** 作成できるユーザー数に上限がないタイプのライセンス。インストールするサーバーのCPUコア数で料金が決まる。
Tableau Online	**初期費用：なし** 1ユーザー（1つのIDとPassword）につき年間6万円。

◆ 年間保守の内容

保守内容	説明
最新バージョンへのアップグレード	すべての製品を最新バージョンにアップグレードできる。最新版の動作環境はTableau社のWebサイトで確認できる。
製品のアクティベート	Tableau Desktop/Tableau Serverをインストールしたコンピューターを買い換えた場合、新しいコンピューターでは各製品をアクティベートする（利用可能な状態にする）必要がある。有効な保守期間であればアクティベートできる。
サポートデスクの利用	Tableau社、または購入したリセラー各社に対して、製品についての質問、発生した問題について問い合わせて、回答を得ることができる。

URL **Tableau Japan**｜製品 http://www.tableau.com/ja-jp/products

14日間の無償トライアル版が用意されている

いずれの有償製品にも、14日間の期間限定ながらフル機能を無償で体験できるトライアル版が提供されています。Tableau DesktopおよびTableau ServerのインストーラーはTableau社のWebサイトからダウンロードでき、正規のライセンスでアクティベートするまで、トライアル版として利用できます。有償製品を購入する前の評価用はもちろん、本書の内容もトライアル版で実施できます。

Tableau Desktopの画面と操作の流れ

　Tableau Desktopをインストールしてデータソースに接続すると、以下の「Tableauワークスペース」が表示されます。データのビジュアライズを行う中心的な画面になるので、全体像を覚えておきましょう。Tableauでの作業の大きな流れは、①データソースへの接続、②取得したデータの整形、③ビジュアライズ、④組織内での共有、という順序になり、本書の章構成も同じです。まずは新法則1から読み始め、練習用ファイルを使って実際に手を動かしながら進めてみてください。

◆ Tableauワークスペースの画面構成と各部の役割

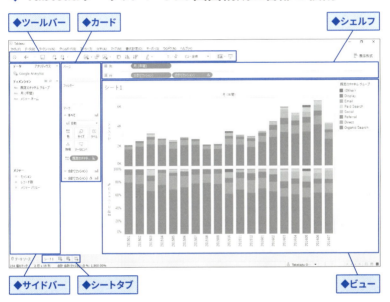

名称	役割
ツールバー	元に戻す、やり直す、保存などの基本コマンドが並ぶバー。新しいデータソースへの接続、ビューの表示サイズの調整などもここで行う。
カード	ビューに「行」「列」以外の要素（フィルターやコントロール）を追加する。 **ページ**：ディメンションとメジャーでビューを複数のページに分ける。 **フィルター**：ディメンションとメジャーを基準にビューを絞り込む。 **マーク**：ディメンションとメジャーをビュー内の色やサイズなどで表現する。
シェルフ	ビューにディメンションとメジャーを配置するときに利用する。以下の2種類がある。 **列**：ディメンションとメジャーで列、または横軸を生成する。 **行**：ディメンションとメジャーで行、または縦軸を生成する。
サイドバー	2つのペインを切り替えて利用する。 **データ**：ディメンション、メジャー、パラメーターなどが表示され、ビューに配置できる。 **アナリティクス**：平均線、傾向線、分布帯などをビューに追加できる。
シートタブ	ワークブック内のワークシート、ダッシュボード、ストーリーを表示する。
ビュー	可視化したデータを表示する。折れ線グラフ、棒グラフ、積み上げ棒グラフ、円グラフ、色塗りマップ、散布図、ヒストグラム、箱ひげ図など、多彩な可視化が行える。

Webマーケターにとっての Tableau とは？

— Tableauとはどんなツールですか？

筆者はWeb解析コンサルタントという職業上、そのような質問をよく受けます。そこで「ユーザーが自由にデータソースに接続できて、大量のデータをドラッグだけで簡単にビジュアライズできる、セルフサービス型のBIツールです」と答えることは簡単です。しかし、本書を手にとったWebマーケターのみなさんには、そうした一般論ではなく、以下のような問いを心の中に持ってほしいと思います。

— TableauとはWebマーケターにとって、どんな意味を持つツールですか？

この場合、筆者の答えは「分析にかかる時間を短縮し、質の高い分析を可能にすることで、分析者の競争力を高めるツールです」となります。2014年9月、アナリティクス アソシエーションが主催するTableauのセミナーで講師を務めた際に、筆者はこう定義しました。当時から約2年が経過した今も、変わることはありません。

Webマーケターは日々増え続けるデータに囲まれ、「意味のある知見」を引き出すように求められています。そのこと自体は仕事の面白みでもあり、価値でもあるのですが、この状況がエスカレートするにつれ、Webマーケターが手にする武器も、従来のツールであるExcelでは対応できなくなっていると感じます。

2016年の今、もしExcelを使えないビジネスパーソンがいたら（そんな人は現実には多くないでしょうが）、その人の競争力はかなり落ちると思います。あなたの会社に転職を希望する人が「Excelは使ったことがありません」と言ったら、かなり驚きますよね。その人が採用される可能性は低いと思いますが、それと同じことが、WebマーケターにおけるBIツールでも近い将来に起こるのではないでしょうか？

あるWebマーケターが「BIツールは触ったことがありません」「Tableauなんて知りません」と周囲に話しても、今ならまだいいでしょう。しかし、例えば3年後、そのようなWebマーケターはTableauを使える同僚や転職者に対して、かなり不利な立場に置かれるでしょう。単位時間あたりに引き出せる知見や、上長・顧客を動かせるデータの説得力が、ExcelとTableauでは大きく異なるからです。

筆者は2013年12月からTableauを使っていますが、こうした点に気付いたため、自身が副社長を務める株式会社プリンシプルでは、Web解析、リスティング広告、SEOのレポーティングには、必ずTableauを利用しています。その結果、多くのメリットを感じるに至っています。

本書がWebマーケターのみなさんにとっての「気付き」となり、Tableauの習熟を通してスキルアップやキャリアアップにつなげてもらえれば、うれしく思います。

第 **1** 章

データソースへの接続と
結合・抽出

Tableauでは、ExcelファイルやGoogleアナリティクスといった「デー
タソース」に接続したうえで、ビジュアライズを進めていきます。
本章ではさまざまなデータソースへの接続と、異なるデータの結合、
必要なデータの抽出について解説します。

新法則 1

データ接続の基本

Tableauから接続できる
データソースについて理解する

Tableauでは、ExcelやGoogleアナリティクスなどですでに作成・蓄積されているデータをもとに、ビジュアライズを実施します。対応している種類を理解しましょう。

第1章

データソースへの接続と結合・抽出

■ Excel/CSVなどのファイルにあるデータを利用

Tableauでのデータのビジュアライズは、データへの接続から始まります。Excelでは新規にファイルを開いてセルに数値などを入力しますが、Tableauはそうではなく、外部にある既存のデータを利用します。

データの接続先は「データソース」と呼び、大きく分けて「ファイル」と「サーバー」の2種類があります。対応しているファイルとサーバーの一覧は次のページのとおりです。

■ サーバー上のデータベースにも接続可能

サーバーについては、マイクロソフトやオラクルなどの基幹系データベースをはじめ、MySQLやPostgreSQLなどのオープンソース系、Amazon RedShiftやGoogle BigQueryなどのクラウド系、GoogleアナリティクスやTwitter、FacebookといったWebサービスなど、多様なサーバーへの接続が可能です。Tableau 10からは、新たにGoogleスプレッドシートにも接続できるようになりました。

一覧にないサーバーでも、ベンダーが「ODBC」(Open Database Connectivity)に準拠したAPIを提供していれば、Tableauのデータソースとして接続できます。

また、「Webデータコネクター」と呼ばれるプログラムを開発するか、有志が開発したプログラムを利用することで、Webサービス内のデータベースへの接続が可能になります。例えば、Twitterに接続するWebデータコネクターを利用すれば、指定したTwitterアカウントによるツイートの投稿日時やリツイート数などのデータを取得できます。

URL Tableau Junkie - Creating A Twitter Web Data Connector
http://tableaujunkie.com/post/119681578798/creating-a-twitter-web-data-connector

◆Tableauから接続できるファイル

形式	拡張子
Excel	.xls / .xlsx
テキストファイル	.txt / .csv / .tab / .tsv
Access	.mdb / .accdb
統計ファイル	SAS（.sas7bdat）、SPSS（.sav）、R（.rdata / .rda）
その他のファイル	Tableau（.tde / .tds / .twbx）

◆Tableauから接続できるサーバー

製品・サービス名	製品・サービス名
Tableau Server	MemSQL
Actian Matrix	Microsoft Analysis Services
Actian Vector	Microsoft PowerPivot
Amazon Aurora	Microsoft SQL Server
Amazon EMR	MonetDB
Amazon Redshift	MySQL
Aster Database	OData
Cisco Information Server	Oracle
Cloudera Hadoop	Oracle Essbase
DataStax Enterprise	Pivotal Greenplum Database
EXASolution	PostgreSQL
Firebird	Presto
Google Analytics（Googleアナリティクス）	Progress OpenEdge
Google BigQuery	Salesforce
Google Cloud SQL	SAP HANA
Googleスプレッドシート	SAP NetWeaver Business Warehouse
Hortonworks Hadoop Hive	SAP Sybase ASE
HP Vertica	SAP Sybase IQ
IBM BigInsights	Snowflake
IBM DB2	Spark SQL
IBM PDA（Netezza）	Splunk
Kognitio	Teradata
MapR Hadoop Hive	Teradata OLAP Connector
MarkLogic	

Tableauでは新たにデータを入力するのではなく、もともとあるデータに接続することでビジュアライズを開始します。

| 関連 | 新法則2 | ExcelやCSVのデータを正しく取得する方法を理解する | P.28 |
| | 新法則8 | Googleアナリティクスへの接続時は分析目的を意識する | P.44 |

新法則 2

Excel/CSVファイルへの接続

ExcelやCSVのデータを正しく取得する方法を理解する

Tableauから接続できるファイルのデータソースとして、もっとも使う機会が多いのがExcelとCSVです。それぞれのファイルへの接続方法を見てみましょう。

データが行方向に並んでいる表は事前に修正しておく

　十分な分析ができていない大量のExcel形式のデータが社内にある、という企業は多いでしょう。しかし、人間にとってわかりやすい表形式が、必ずしもTableauでビジュアライズしやすい形式とはならない点には注意が必要です。

　例えば、下にある画面はExcelで作成した、月ごとの売上金額をまとめたシンプルな表です。このうち、「月」「売上」のデータが行方向（左から右）に並んでいる形式は、人間の目では容易に理解できますが、Tableauではうまく認識されません。Tableauでは、データが列方向（上から下）に並んでおり、同じ種類の項目（ここでは「月」「売上」のそれぞれ）が1つの列に格納されていることが、適切にビジュアライズできる要件になります。

　既存のExcelファイルのデータが行方向に並んでいる場合、Excelでそのファイルを開いて列方向に並ぶよう修正してから、Tableauで読み込むようにしましょう。

　なお、表にヘッダー行（タイトルなど）がある、余計な空行がある、複数のセルが結合されている表も、そのままでは適切にビジュアライズできません。そうしたExcelファイルは、新法則3～4で解説する「ピボット」や「データインタープリター」を使って解決を試みます。

◆Tableauからの接続に適した集計表の例

	A	B	C	D	E	F	G	H
1	月	2016年1月	2016年2月	2016年3月	2016年4月	2016年5月	2016年6月	
2	売上（千円）	¥12,458	¥12,245	¥13,284	¥13,325	¥12,894	¥14,521	
3								

	A	B	C
1	月	売上（千円）	
2	2016年1月	¥12,458	
3	2016年2月	¥12,245	
4	2016年3月	¥13,284	
5	2016年4月	¥13,325	
6	2016年5月	¥12,894	
7	2016年6月	¥14,521	
8			

データが行方向に並ぶ形式（上）は正しく認識できず、列方向に並ぶ形式（左）に修正する必要がある。Excelでは表全体をコピーし、［貼り付け］から［形式を指定して貼り付け］をクリック、［行列を入れ替える］にチェックマークを付けて貼り付けると簡単に修正できる。

年月日のデータは接続時に「日付」として認識させる

　Excelファイル内のデータを適切な形に整えたら、Tableauから接続します。Tableau Desktopを起動し、スタートページにある［接続］から次のように操作を進めましょう。正しくExcelファイルに接続できても、「月」などの日付が数値（シリアル値）として認識されてしまうので、Tableauの日付データとなるように修正しておきます。

◆ Excelファイルに接続する　　002.xlsx

1 Tableau DesktopでExcelファイルを開く

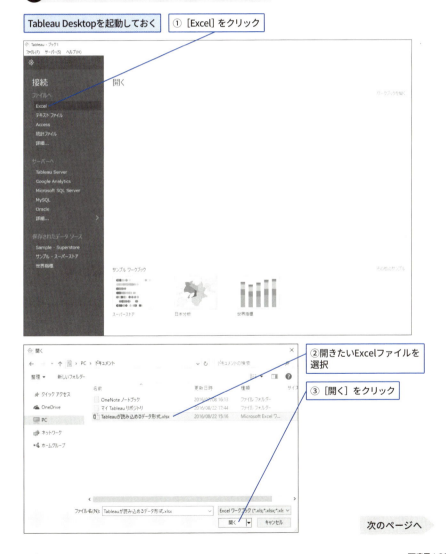

次のページへ

❷ 取得したいデータが含まれるシートを読み込む

[データソース] ページが表示された　　Excelファイルに接続された

接続したいデータが含まれるシートをキャンバスにドラッグ

❸ 表内の日付を正しく認識させる

シート内のデータが読み込まれた　　　　①「月」の上にある [#] をクリック

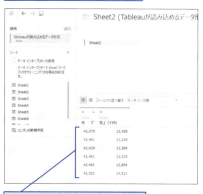
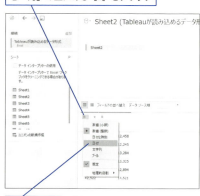

「月」が数値として認識されている　　　②[日付]をクリック

❹ 日付が正しく認識された

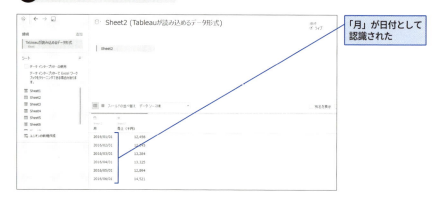

「月」が日付として認識された

CSV形式のファイルも簡単に取り込める

　自社で作成したExcelファイル以外にも、Tableauのデータソースとしてファイルに接続する機会はたくさんあります。その代表例が「Google AdWords」「Yahoo!プロモーション広告」といったリスティング広告、SEOの効果測定に欠かせない「Google Search Console」のデータです。サイトによっては「Google AdSense」「DoubleClick for Publishers」（DFP）などの広告収益のデータを取り込むこともあるでしょう。

　これらは通常、各サービスの管理画面からExcel/CSV形式のファイルとしてプレーンなデータをダウンロードし、Tableauで取り込むことになります。次の手順は、Google Search Consoleの管理画面からダウンロードしたCSVファイルに接続しているところです。すでに整形されたデータなので、ファイルを指定するだけで何の問題もなく接続できます。ただし、いくつかの注意点もあるので、新法則12も参照してください。

◆ CSVファイルに接続する　002.csv

- Tableau Desktopを起動しておく
- ①［テキストファイル］をクリック
- ②開きたいCSVファイルを選択して［開く］をクリック
- ［データソース］ページが表示された
- CSVファイル内のデータが読み込まれた
- ［シート1］をクリックするとビジュアライズを開始できる

Excelファイルの表内のデータは、「行」ではなく「列」に並べるのがTableauで正しく認識させるポイントです。

関連　新法則3　クロス集計表のExcelファイルは複数列を1列にまとめる …………… P.32
　　　　新法則12　リスティング広告の分析にはファイル接続を活用する …………… P.54

新法則 3

ピボットの利用

クロス集計表のExcelファイルは複数列を1列にまとめる

Excelで作成した表のよくある例として、毎月の売上金額を部署や店舗ごとにまとめたものがあります。こうしたデータはTableauでの整形が必要です。

■ 手作業では大変な整形をTableauで自動化できる

Tableauからの接続に適した形にExcelファイルを修正するといっても、なかなか難しいケースもあります。そうした例の1つが、クロス集計表の形をとるデータです。

以下のExcelファイルのように、部署を表す項目が「営業1部」「営業2部」「営業3部」に分かれている表は人間の目から見れば自然ですが、Tableauから見ると、データ接続の理想形である「同じ種類の項目が1つの列に格納されている」状態になっていません。

◆ Tableauからの接続に適したクロス集計表の例

「部署」という同じ種類のデータを表す項目が、B〜D列に分かれてしまっている（上）。Tableauに適した形にするには、「月」「部署」「売上」の3列からなる表（左）にするべきだが、Excelで開いて手動で修正するには手間がかかる。

こうした場合には、Tableauの「ピボット」機能を利用します。Excelファイルに接続したあとで次の手順のように操作すると、「部署」に相当する複数列を1つの列にまとめたうえで、それぞれに対応する「売上」を並べた別の列が作成されます。これで、同じ種類の項目が1つの列に格納された理想的な形のデータが完成します。

◆ ピボットでデータを整形する　　003.xlsx

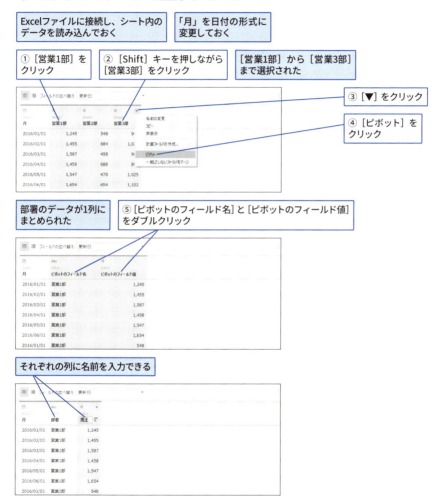

ピボットにより、この例では「月」と「部署」をクロス集計した分析が可能になります。

関連　新法則4　Excelファイルの余計な行や空白行は接続時に除去する　　　　P.34

新法則 4

データインタープリターの利用

Excelファイルの余計な行や空白行は接続時に除去する

見やすい表にするためのExcelでの工夫が、逆にデータを汚してしまうことがあります。Tableauには、分析に不要なデータを自動削除する機能があります。

■ ヘッダー行や結合セルを無視したデータに整形

　人間の目には自然でも、Tableauにとっては不自然なデータとしては、下の画面のようなExcelファイルもよくあります。表のタイトルや補足事項を記載したヘッダー行、区切りを明確にするための空白行、階層構造を表す結合セルなどを含む表です。

　こうした表はExcelで表示するぶんには見やすいものの、Tableauから接続するとヘッダー行は余計なデータ、空白行や結合セルの一部は無効なデータとして認識され、正確性を欠いたものになってしまいます。

　手作業での修正は困難になりがちですが、Tableauの「データインタープリター」機能を利用すると、もとのファイルの状態によっては、ワンクリックで整形済みのデータを得られます。次のページにある手順のとおり、新法則3で解説したピボットと併せて使うことで、最終的にTableauにとって理想的な形でデータを取り込むことができます。

◆ Tableauに不適切なヘッダー行などを含む表の例

1行目に余計なデータ、2行目に空白行があり、項目名になるべき行は3～4行目に分かれている。また、B～C列に結合されたセルがある。

◆ データインタープリターでデータを整形する 📄 004.xlsx

Excelファイルに接続し、シート内のデータを読み込んでおく

項目名が正しく認識されていない

[データインタープリターの使用] にチェックマークを付ける

不要・無効なデータがなくなり、項目名が正しく認識された

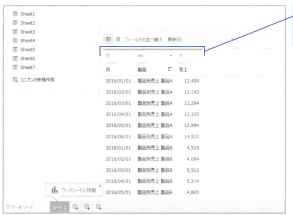

「月」を日付にし、ピボットを利用するとデータの整形が完了する

データのクリーニングは分析の壁になりがちですが、データインタープリターはその負荷を大いに軽減してくれます。

関連 新法則3 クロス集計表のExcelファイルは複数列を1列にまとめる ………………………… P.32

新法則 5

データの結合

共通の列を持つ複数の表は結合してから取り込む

Excelで作成した複数の表に共通した列があれば、それをキーとして各行を結合し、あたかも1つの表のようにTableauでの分析に利用できます。

第1章
データソースへの接続と結合・抽出

■ 会員IDごとの利用状況や属性の把握に役立つ

Tableauでは、複数のデータソースに同時に接続することもできます。その際のデータの連結方法としては「結合」「ユニオン」「ブレンド」の3種類があり、ここでは「結合」(「ジョイン」とも呼びます) について解説します。

データソースの結合は、同一のデータソースにある複数のテーブル (表) で、それぞれに共通するフィールド (列) がある場合に可能です。Excelで作成した、下にある2つの表を例にしましょう。

これらの表が1つのExcelファイルの別々のシートに存在している場合、Tableauでのデータ接続時に行う結合の操作は次のページにある手順のようになります。このとき、結合方式として [内部] (内部結合／インナージョイン) と [左] (左外部結合／レフトジョイン) を選択でき、その違いは手順のあとで説明します。

◆ Tableauで結合できるExcelファイルの例

●サイト利用状況

	A	B	C	D	E	F
1	会員ID	Cookie値	タイムスタンプ	サイト訪問数	キーイベント発生数	
2		1001598111.1464870018	2016/6/13 13:33	1	0	
3		1002438727.1451238446	2016/6/12 18:21	1	1	
4	X251487	1008315188.1465397362	2016/6/13 13:27	1	0	
5	X251487	1008315188.1465397362	2016/6/18 19:28	1	0	
6	X251487	1008315188.1465397362	2016/6/20 9:36	1	1	
7						

●会員属性

	A	B	C	D	E
1	会員ID	性別	会員登録日	LTV	
2	A995487	m	2015/11/20	35400	
3	A548754	m	2012/1/3	28410	
4	X251487	f	2014/8/31	10020	
5	Y15487	f	2016/1/26	41540	
6					

「サイト利用状況」は会員IDごとの利用状況のデータ、「会員属性」は会員IDごとの属性を記録したデータで、「会員ID」という列が共通している。

36 できる

◆ Excelファイルにある複数のデータを結合する　📄 005.xlsx

❶ 2つのシートにある表を結合する

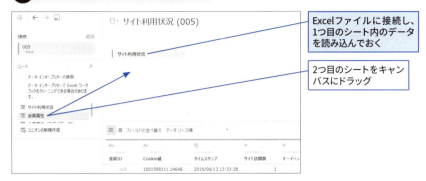

Excelファイルに接続し、1つ目のシート内のデータを読み込んでおく

2つ目のシートをキャンバスにドラッグ

❷ 内部結合のデータが作成された

データが結合された｜標準では内部結合される

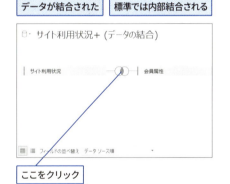

ここをクリック

❸ 左外部結合に変更する

[結合] 画面が表示された

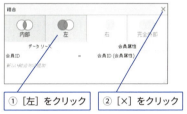

①[左]をクリック　②[×]をクリック

❹ 左外部結合のデータが作成された

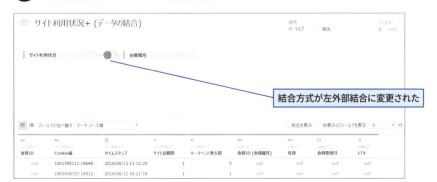

結合方式が左外部結合に変更された

次のページへ

分析目的に応じて結合方式を選択する

　標準で選択される「内部結合」では、最初に接続したテーブル（概念上、左側に置かれる表）と、あとから接続したテーブル（右側に置かれる表）で共通するフィールドのうち、同じ値を持つレコード（行）だけが結合されてTableauに取り込まれます。前のページの手順②が内部結合の状態で、2つのExcelファイルのうち、同じ会員IDが記録されている3行分だけが結合されています。

　一方、結合方式を「左外部結合」に変更すると、最初に接続したテーブルに含まれるすべてのレコードがTableauに取り込まれます。あとから接続したテーブルは、最初のテーブルと共通するレコードの値のみが取り込まれます。前のページにある手順④が左外部結合の状態で、「サイト利用状況」の会員IDが空欄の行もTableauに反映されます。

　この例の場合、会員だけに絞ってサイト利用状況を可視化したい場合は、内部結合したデータを用いるのが適当です。逆に、利用者全体の何人程度が会員で、どのような属性を持っているかを可視化したい場合は、左外部結合が適しています。こうした分析目的に応じて、結合方式を選択してください。

　なお、2つのExcelファイルで列名が共通していない場合、自動的には結合されませんが、次の手順のように列名を指定すれば結合が可能です。

◆結合する列名を指定する

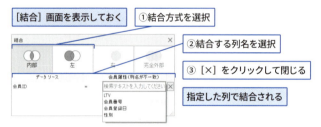

データの結合をマスターすれば、複数のExcelファイルをリレーショナルデータベースのように扱えるようになります。

関連	新法則6	時系列データのファイルはユニオンで行を追加する	P.39
	新法則7	異なるデータソースは共通項目を作ってブレンドする	P.40

新法則 6

データのユニオン

時系列データのファイルはユニオンで行を追加する

日別・月別のリスティング広告の指標など、時系列のデータをファイルで扱うときは、一連のファイルをTableauで「ユニオン」して連結します。

■ 時系列のデータを縦方向に「伸長」できる

データの連結方法の2つ目「ユニオン」では、同じ構造を持つ2つの表を「行数を増やす方向」で組み合わせることができます。もっとも利用頻度が高いのは、前々月のデータに前月のデータを加えるといった、時系列のデータの組み合わせです。

Webマーケターが取り扱う情報には、時系列のデータが必ず含まれます。以前に行った施策の成果がビフォー／アフターでどうだったか、長期的なトレンドはどうかなど、2つ以上の期間の比較が分析には欠かせないからです。

例えば、リスティング広告について分析するとき、管理画面からダウンロードした2016年4月のデータに対して5月のデータを追加し、2か月分をビジュアライズしたいときにデータのユニオンを行います。対象となるファイルを1つのフォルダーにまとめておけば、次の手順でユニオンが完了します。

◆ 複数のCSVファイルをユニオンする 006_1〜3.csv

1つ目のCSVファイルを読み込んでおく／同じフォルダーにあるCSVファイルが表示されている

2つ目のCSVファイルをキャンバスに重ねて、[表をユニオンへドラッグ]にドラッグ

データがユニオンされる

リスティング広告やGoogle Search Consoleのデータは1つのフォルダーで管理し、いつでもユニオンできるようにしておきましょう。

関連　新法則12　リスティング広告の分析にはファイル接続を活用する　　　P.54

新法則 7

データのブレンド
異なるデータソースは共通項目を作ってブレンドする

Googleアナリティクスの実績値とExcelファイルの目標値を同時に可視化したいときなど、異なるデータソースを組み合わせるには「ブレンド」を行います。

第1章 データソースへの接続と結合・抽出

■ Tableau上で2つのデータソースを連結

　データの連結方法の3つ目は「ブレンド」です。ブレンドとは同一のデータソースではなく、異なるデータソースを接続することを指します。例えば、1つ目のデータソースがGoogleアナリティクス、2つ目がExcelファイル、といったケースです。

　典型的な例としては、社内で月別ユーザー数の目標値がExcelで管理されており、実績値はGoogleアナリティクスに記録されている、といった状況です。これら2つのデータソースに接続すれば、Tableauで目標と実績の対比ができるようになります。

　また、新法則5で解説した結合（ジョイン）が行単位の連結であるのに対し、ブレンドは仮想的に集計された表同士の連結であるため、一方の表の日付が「日単位」、もう一方の表の日付が「月単位」であっても連結が可能になります。日付データを同一のディメンションとして一致させ、それをキーにデータを連結するイメージです。

　次のページからブレンドの手順を解説しますが、ここでは目標値のExcelファイルとして、下の画面のような月単位のデータを例にします。実績値となるGoogleアナリティクスからは、月別ではなく日別のユーザー数を取得し、TableauでExcelファイルとのブレンドを行ったうえで、目標実績対比をビジュアライズします。

　なお、手順では以降で解説するGoogleアナリティクスへの接続（新法則8）、ディメンション名の変更（新法則17）、クロス集計表の作成（新法則38）が登場します。詳しくはそれぞれの新法則を参照してください。

◆ 月別ユーザー数の目標値の例

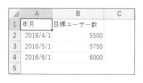

Tableauに接続すると［年月］がディメンション、［目標ユーザー数］がメジャーとなる。

◆ GoogleアナリティクスとExcelファイルをブレンドする

1 Googleアナリティクスに接続する　007.twbx / 007.xlsx

[データソース] 画面を表示しておく　①ディメンションに [日付]、メジャーに [ユーザー] を追加　② [シート1] をクリック

2 Excelファイルに接続する

Tableauワークスペースが表示された　① [新しいデータソース] をクリック
② [Excel] をクリック
③Excelファイルを選択して開く

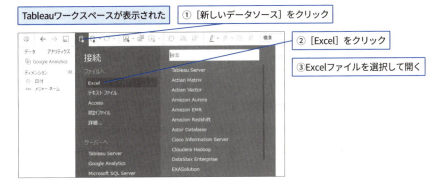

3 表が含まれるシートを読み込む

[データソース] 画面が表示された
①読み込みたいシートをキャンバスにドラッグ
② [シート1] をクリック

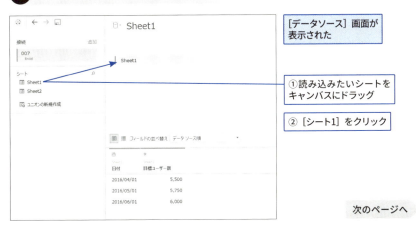

次のページへ

④ ディメンション名を変更して一致させる

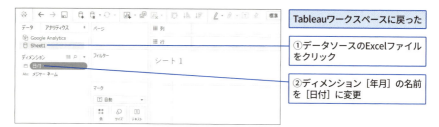

⑤ 集計表を使ってデータのブレンドを確認する

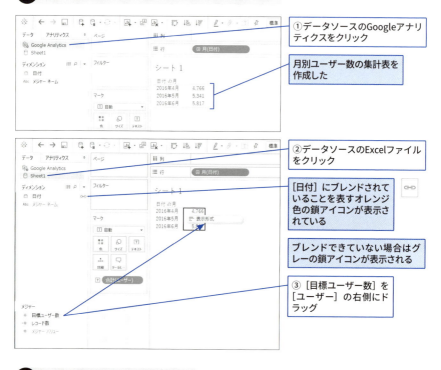

⑥ データのブレンドが完了した

■ 名前の変更やリレーションシップで共通項目を作る

　Tableauで2つのデータソースに接続したとき、1つ目（この例でのGoogleアナリティクス）は「プライマリデータソース」、2つ目（Excelファイル）は「セカンダリデータソース」と呼びます。それぞれの共通項目として認識されたディメンションは、前のページにある手順⑤のようにオレンジ色の鎖アイコンで見分けられます。

　データソース間に同一の名前を持つディメンションがある場合、データのブレンドは自動的に行われますが、異なる場合は大きく分けて2つの方法で明示的に一致させる必要があります。1つはディメンション名を変更する方法で、ここでの手順ではExcelファイルのディメンション「年月」の名前を「日付」に変更することで、Googleアナリティクスのディメンション「日付」と一致させています。

　もう1つは「リレーションシップの編集」という機能を利用する方法です。次の手順のようにExcelファイルの「年月」とGoogleアナリティクスの「日付」を関連付けると、それらが共通項目として認識され、データのブレンドが実現します。

◆ リレーションシップを設定する

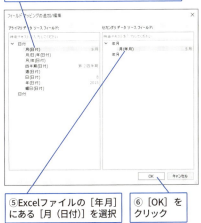

ブレンドが成立しているかは鎖のアイコンの有無で、連結に利用しているかはオレンジかグレーかで見分けられます。

新法則 8

Googleアナリティクスへの接続

Googleアナリティクスへの接続時は分析目的を意識する

データソースとして、TableauからGoogleアナリティクスに接続しましょう。このとき、分析目的を意識したデータの選択が重要になります。

第1章
データソースへの接続と結合・抽出

■ 「ディメンション」と「メジャー」を選択して接続

Googleアナリティクスもビジュアライズの機能を持ちますが、Tableauでの分析はさらに強力です。次のページ以降の手順で接続します。

手順④では、Googleアナリティクスから取得する「ディメンション」と「メジャー」を選択します。ディメンションは「分割の軸」のことを指し、口語にすると「○○ごとの」「○○別の」という言い方をします。TableauとGoogleアナリティクスで共通の用語なので、特に迷うことはないでしょう。

一方のメジャーは、Googleアナリティクスの用語としては「指標」に相当します。メジャーは「すべて数字でできている」という特徴があり、ディメンションで分割したセグメントごとの成果や実績（パフォーマンス）を表しています。メジャーと指標は同じもの、と考えて差し支えありません。

ディメンションとメジャーを検索するときは、名前を最後まで入力するのではなく、頭の数文字分だけを入力して絞り込むと効率的です。例えば、「デバイス カテゴリ」は正確には2語の間に半角スペースがあり、「デバイスカテゴリ」で検索してしまうと表示されませんが、「デバイス」だけで検索すれば確実に表示されます。

■ 取得できるデータの数には制限がある

Googleアナリティクスへの接続時の注意点として、一度に取得できるディメンションとメジャーの数に制限があることを意識しましょう。手順④の画面にも記載されているとおり、「ディメンションは7個まで、メジャーは10個まで」です。

これはGoogleアナリティクスのAPIの仕様から発生しており、Tableauの問題ではありませんが、いずれにしても考慮が必要です。ディメンションとメジャーを選択する基準については、手順のあとに解説します。

◆Googleアナリティクスに接続する 📄 008.twbx

❶ ログイン画面を表示する

Tableau Desktopを起動しておく

[Google Analytics] をクリック

表示されていない場合は［詳細］→［Google Analytics］をクリックする

❷ Googleにログインする

ログイン画面が表示された

①Googleアカウントを入力して［次へ］をクリック

②パスワードを入力して［ログイン］をクリック

③［許可］をクリック

❸ プロパティやビュー、期間を選択する

［データソース］画面が表示された

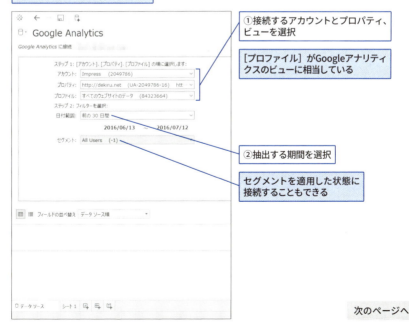

①接続するアカウントとプロパティ、ビューを選択

［プロファイル］がGoogleアナリティクスのビューに相当している

②抽出する期間を選択

セグメントを適用した状態に接続することもできる

次のページへ

④ ディメンションとメジャーを選択する

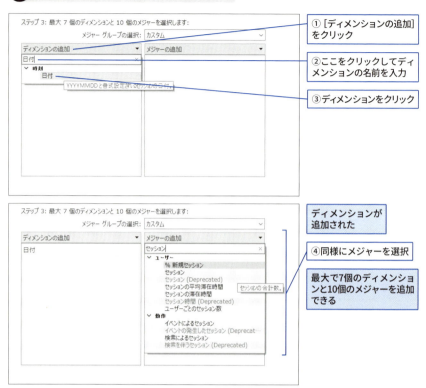

① [ディメンションの追加] をクリック

② ここをクリックしてディメンションの名前を入力

③ ディメンションをクリック

ディメンションが追加された

④ 同様にメジャーを選択

最大で7個のディメンションと10個のメジャーを追加できる

⑤ Googleアナリティクスへの接続が完了した

必要なディメンションとメジャーを選択できた　　[シート1] をクリック　　ビジュアライズを開始できる

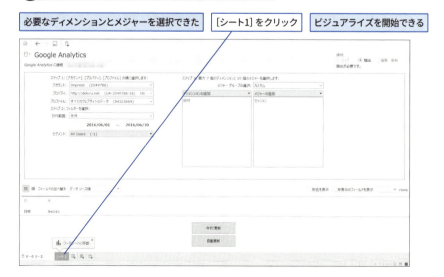

分析目的を意識して取得するデータを選ぶ

選択するディメンションとメジャーについては、そのTableauのファイルにおいて「どのような分析を行うか?」を基準に考えましょう。Webマーケティングにおける分析目的には、例えば以下のようなものが挙げられます。以降の新法則でも、取得するディメンションとメジャーを明記しつつ解説していきます。

曜日や時間に関連した分析

ユーザーのサイト利用状況が曜日や時間によって異なると予想しており、セッション数や直帰率の変化を調べたい場合、ディメンションとして「日付」「時間」、メジャーとして「セッション」「直帰数」を取得します。

実店舗に関連した分析

自社で実店舗を運営しており、実店舗がある都道府県とない都道府県でサイト利用状況を比較したい場合、ディメンションとして「国」「地域」、メジャーとして「セッション」「ページビュー数」を取得します。

訪問回数とコンバージョン率の分析

自社が販売している商品の認知度が低く、Webサイトの新規ユーザーのコンバージョン率は著しく低いものの、訪問を重ねるごとにコンバージョン率は改善するはずだ、という仮説があるとします。それを検証するには、ディメンションとして「セッションの数」、メジャーとして「セッション」「目標 ○ 完了」を取得します。Googleアナリティクスの目標設定に基づく「目標1完了」などが、コンバージョン数を表します。

Googleアナリティクスへの接続は難しくありませんが、ディメンションとメジャーの接続数に上限がある点に注意が必要です。

関連 新法則9 複数サイトの同時分析ではディメンションを一致させる……………… P.48

ディメンション数の節約になる「参照元/メディア」

Googleアナリティクスには「参照元/メディア」というディメンションがありますが、これは「参照元」と「メディア」という2つのディメンションが1つに結合されたものです。Tableauに取り込んだあとに分割することもできるので(新法則24を参照)、「参照元」「メディア」が必要な分析を行いたいときに、接続するディメンション数を減らしたい場合に役立ちます。

新法則 9

2つのGoogleアナリティクスへの接続

複数サイトの同時分析では
ディメンションを一致させる

複数のサイトを運営し、それぞれでGoogleアナリティクスを導入している場合は、
TableauからGoogleアナリティクスの複数のビューに接続します。

第1章

データソースへの接続と結合・抽出

■ 共通のディメンションに接続すればブレンドされる

　自社でコーポレートサイトとECサイトを運営していて、それぞれのセッション数を合算してビジュアライズしたい、というニーズもあるでしょう。多くの場合、2つのサイトのそれぞれでGoogleアナリティクスが導入され、異なる「プロパティ」かつ異なる「ビュー」で指標が計測されているはずです。

　2つのサイトのGoogleアナリティクスにTableauから同時に接続するには、新法則8で解説したように1つ目のデータソース（Googleアナリティクス）に接続したあと、［新しいデータソース］から2つ目に接続します。アカウントやプロパティ、プロファイル（ビュー）は、それぞれのサイトのものを選択しましょう。

　ポイントは、2つのGoogleアナリティクスから取得するディメンションを同じにすることです。同時に、それぞれを識別しやすいデータソース名（サイト名など）に変更しておくといいでしょう。

　接続後に何らかのビジュアライズを行うと、［データ］ペインにあるディメンション名の横にオレンジ色の鎖アイコンを確認できるはずです。データソースが2つともGoogleアナリティクスで、かつ同じディメンションを取得しているので、データのブレンドが自動的に実行されたことを示しています。

■ セッション数などの合算には「計算フィールド」を使う

　2つのサイトの分析を行う際、両サイトのセッション数の合計を求めたい場合は、Tableauの「計算フィールド」という機能を利用して「合計セッション数」などと名付けたメジャーを新たに作成します。このメジャーをTableauのビューに配置すれば、2つのサイトの合計セッション数で日別の折れ線グラフなどを簡単に描けます。

　計算フィールドはTableauの中でも高度なテクニックですが、本書では多数の活用法が登場します。詳しくは新法則33〜35を参照してください。「合計セッション数」の計算フィールドは次のページにあるとおりです。

◆ 2つのGoogleアナリティクスに接続する　009.twbx

[新しいデータソース]→[Google Analytics]をクリック

データソース名をクリックし、わかりやすい名前に変更しておく

ディメンションは最初に接続したサイトと同じものを選択する

2つのGoogleアナリティクスに接続し、日別セッション数の折れ線グラフを作成した

[日付]にブレンドされていることを表すオレンジ色の鎖アイコンが表示されている

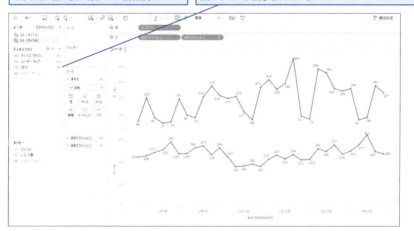

●合計セッション数

SUM(ZN([セッション])) + SUM(ZN([GA（サイトB)].[セッション]))

最初に接続したサイト側で作成した場合の計算フィールド。ZN関数でNULLを0と見なしたうえで、SUM関数でそれぞれのサイトのセッション数を合計し、加算する。

2つのGoogleアナリティクスへの接続は、それぞれのサイトのパフォーマンスを比較する際に欠かせません。

関連 新法則8　Googleアナリティクスへの接続時は分析目的を意識する……P.44

新法則 **10**

Googleスプレッドシートへの接続

Googleスプレッドシートは
アドオンと併せて活用する

Tableau 10から、データソースとしてGoogleスプレッドシートを利用できるように
なりました。うまく使えば分析の幅を大きく広げられます。

第1章 データソースへの接続と結合・抽出

■ アドオン経由でSNSなどのデータも取得可能

　法人向けGoogle Appsの普及に伴い、社内での情報共有ツールとしてGoogleドライブ
を利用している企業も多いと思います。Googleドライブ内で管理できる表計算シートを
Googleスプレッドシート（英語名：Google Sheets）と呼びますが、Tableauのデータソー
スとして接続が可能になっています。

　Excelファイルと同じような目的で、社内で共有している集計表に接続するのもいいの
ですが、Googleスプレッドシートならではのメリットとして、「アドオン」を利用した幅
広いデータを取得できる点が挙げられます。例えば、「Google Analytics」というアドオ
ンをGoogleスプレッドシートに追加すれば、Googleアナリティクスの指定したディメン
ションとメジャーを簡単に集計表の形に落とし込めます。

　アドオンはGoogle以外のサードパーティからも提供されており、フィンランドに拠点
を置くSupermetrics社のアドオンでは、FacebookやTwitter、YouTubeなどからAPI経由
でさまざまなデータを取得できます。こうしたアドオンも利用し、分析したいデータが揃っ
たシートをあらかじめGoogleスプレッドシートに用意しておきましょう。

　TableauからGoogleスプレッドシートへの接続は、Googleアナリティクスへの接続と
同様にGoogleアカウントにログインし、以降はExcelファイルのように読み込みたいシー
トを選択します。手順は次のページにあるとおりです。

Googleスプレッドシートのアドオンを利用するには

Googleドライブでスプレッドシートを開いた状態で［アドオン］メニューをクリック
して［アドオンを取得］を選択すると、新しいアドオンを取得できます。「Google
Analytics」や「Supermetrics」で検索し、追加してみましょう。Tableauで扱え
るデータの幅が広がり、多彩な分析が行えるようになります。

◆Googleスプレッドシートに接続する

1 Google Sheetsにログインする

Tableau Desktopを起動しておく

①［詳細］→［Google スプレッドシート］をクリック

②Googleアカウントでログインし、接続のリクエストを許可

2 接続するシートを選択する

［Google Sheetを選択］画面が表示された

①読み込みたいスプレッドシート（ファイル）を選択

②［接続］をクリック

3 データが含まれるシートを読み込む

［データソース］画面が表示された

読み込みたいシートをキャンバスへドラッグ

シート内のデータが読み込まれた

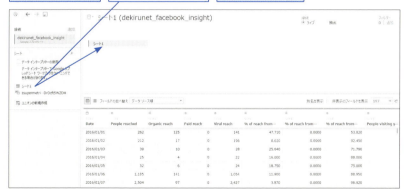

ダウンロードすることなく、社内で共有しているスプレッドシートに直接接続できるのは大きなメリットです。

関連 新法則8 Googleアナリティクスへの接続時は分析目的を意識する……… P.44

新法則
11

Google BigQueryへの接続

クラウド大規模DBに格納したビッグデータを可視化する

「Google BigQuery」には、ExcelやGoogleスプレッドシートとは比較にならないほど大規模なデータを格納できます。Tableauからの接続方法を理解しましょう。

第1章

データソースへの接続と結合・抽出

「プロジェクト」「データセット」「表」を指定して接続

Googleが提供するビッグデータ解析基盤「Google BigQuery」をデータウェアハウスとして利用する場合もあるでしょう。データウェアハウスとは、時系列データを含む大量のデータを整形された状態で格納するデータベースのことを指し、近年におけるデータの大型化に伴い、活用し始める企業が増えています。TableauにはBigQueryにネイティブ接続できるコネクターが用意されているので、データソースとしての利用は難しくありません。

BigQueryに接続するには、データが格納される単位について理解する必要があります。もっとも大きい単位は「プロジェクト」、次が「データセット」、そして「表」です。表は複数にわたることがよくあります。実際に接続するときは、Googleアカウントの情報に加えて、これら3つの情報を事前に確認しておきましょう。

ここでは例として、次のページにある2つ目の画面でSQLクエリを指定し、BigQueryにある表に接続する手順を解説します。表の内容はGoogle Search ConsoleのデータをAPI経由で取得したもので、日単位の「query_yyyyMMdd」形式でデータセット配下に格納されています。今回は6月分のqueryテーブルをすべてTableauに接続することにします。

TABLE_QUERY文で日別の表をユニオンする

BigQueryで日別に分かれている複数の表をユニオンするには、SQLクエリのFROM句に以下のようなTABLE_QUERY文を入力します。ここでは正規表現を使ったTABLE_QUERY文で、「query_201606」を含む表（2016年6月の全データ）をユニオンしています。

●CONTAINS構文を使う場合

```
FROM(TABLE_QUERY([データセット名], 'table_id CONTAINS "表が含む文字列"'))
```

●正規表現一致（REGEXP_MATCH構文）を使う場合

```
FROM(TABLE_QUERY([データセット名], 'REGEXP_MATCH(table_id, "正規表現")'))
```

◆ Google BigQueryに接続する

[接続] → [詳細] → [Google BigQuery] をクリックし、
[データソース] 画面を表示しておく

① [プロジェクト] と [データセット] を選択

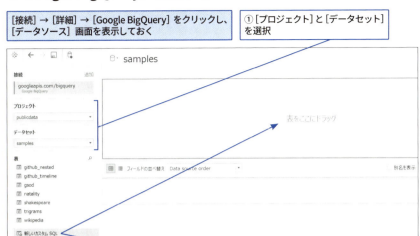

ここではSQLクエリで表を指定する

② [新しいカスタムSQL] をキャンバスにドラッグ

[カスタムSQLの編集] 画面が表示された

③ SQLクエリを入力

④ [OK] をクリック

⑤ [データソース] 画面で [シート1] をクリック

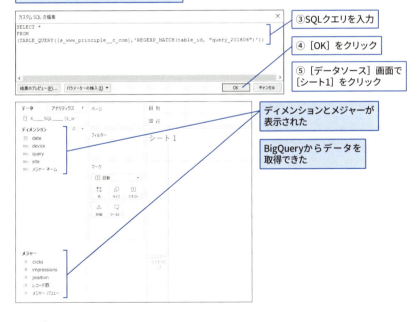

ディメンションとメジャーが表示された

BigQueryからデータを取得できた

BigQuery上の大規模なデータに対しても、いったん接続が完了すれば、それを意識することなくビジュアライズが行えます。

新法則 12

リスティング広告のデータへの接続

リスティング広告の分析にはファイル接続を活用する

Google AdWordsやYahoo!プロモーション広告は、Tableauからの接続に対応していません。管理画面からのデータのエクスポートで対応しましょう。

第1章 データソースへの接続と結合・抽出

■ 使えない指標は除外してダウンロードするのが望ましい

　ECサイトに携わるマーケターのほとんどが、Google AdWordsやYahoo!プロモーション広告を利用しているでしょう。同時に、こうしたリスティング広告の管理画面が備えるレポート機能は使いづらい、という不満を持っていると思います。Tableauを利用し始める目的がリスティング広告のビジュアライズであるのは、とても自然なことです。

　しかし残念ながら、2016年8月現在では、どちらのサービスもTableauからの直接接続には非対応となっています。そのため、必要なデータを管理画面からExcel/CSVファイルでダウンロードしてから、Tableauに接続することになります。

　ただし、「クリック率」（CTR）や「コンバージョン率」（CVR）など、除算で求める指標はTableauのメジャーとしてそのまま利用できません。理由は新法則33で解説しますが、ダウンロードするファイルにそれらの指標は不要です。唯一の例外として「平均掲載順位」はTableauでそのまま利用するので、ファイルに含めるようにしましょう。

◆ リスティング広告のファイルに接続した例

リスティング広告の指標は、管理画面からExcel/CSVファイルをダウンロードして取り込む。

リスティング広告の管理画面からダウンロードしたファイルは、データのユニオンも活用して上手に取り込みましょう。

関連 新法則6　時系列データのファイルはユニオンで行を追加する ………………… P.39

新法則 13

データソースの置換

整形済みのデータソースを再利用して準備を効率化する

Tableauではデータソースへの接続後にも、データを整形するなどの準備作業があります。その負荷を軽減する方法を覚えておきましょう。

■ ビジュアライズの前には取得したデータの整形が必要

　データソースへの接続が完了したあと、Tableauで正確かつ意味のあるビジュアライズを始めるには、一般にいくつかの準備が必要になります。下の画面はリスティング広告の主要指標について、キャンペーンタイプごとにまとめたクロス集計表です。

　このビジュアライズを作成するための準備として、リスティング広告の管理画面からダウンロードしたExcelファイルに接続したあと、詳しくは第2章で解説するデータの整形作業を行っています。具体的には次のとおりです。

- ・計算フィールドを利用したディメンションの整形
- ・計算フィールドを利用した新しいメジャーの作成
- ・メジャーの既定の数値形式の変更

◆ リスティング広告の主要指標をビジュアライズした例

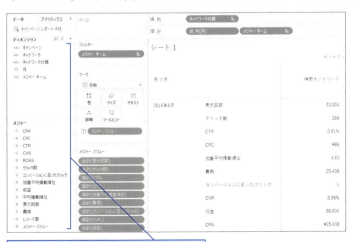

計算フィールドで整形・作成したディメンションとメジャーが含まれている

次のページへ

整形が完了した状態を別のデータソースに適用

「ディメンションの整形」とは、分析目的に応じてセグメントの区切り方を調整する設定です。「新しいメジャーの作成」は、「CTR」「CPC」といった除算の指標を正確に求めるために行います。「既定の数値形式の変更」は、例えば「収益」は通貨として、「CTR」はパーセンテージとして表すなど、指標に合わせた単位や桁区切りを適用する設定です。非常に大変な作業、とまでは言いませんが、それなりの手間がかかります。

さて、このビジュアライズがA社アカウントのレポートだとして、もしB社についても同じレポートを作成することになったらどうでしょう？ B社アカウントのExcelファイルに接続して同じことを繰り返すとしたら、かなり不毛な作業になってしまいます。

それをしなくて済む機能が、ここで解説する「データソースの置換」です。A社アカウントのファイルに接続してデータの整形作業を行ったあと、B社アカウントのファイルでデータソースを置換することで、B社アカウントにも同じ整形作業が適用された状態にできます。データのブレンドと同じ要領で2つのExcelファイルを読み込み（新法則7を参照）、次のように操作しましょう。

ただし、置換前後のデータソースで列構成やヘッダー名が完全に一致している必要がある点には注意が必要です。リスティング広告を運用するチームでは、管理画面から定期的にダウンロードしたデータをオリジナルとして保管し、かつオリジナルを勝手に変更しない、といった社内ルールを設定・周知するようにしましょう。

◆ データソースを置換する　013.twbx

❶ データソースの状態を確認する

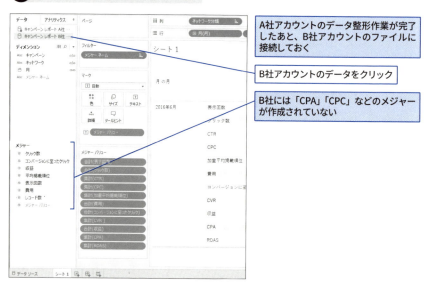

❷ 置換するデータソースを選択する

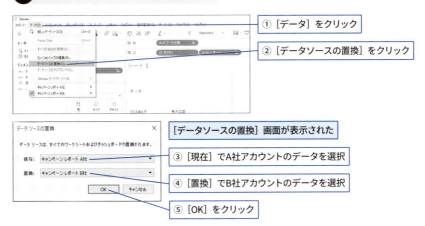

① [データ] をクリック
② [データソースの置換] をクリック

[データソースの置換] 画面が表示された
③ [現在] でA社アカウントのデータを選択
④ [置換] でB社アカウントのデータを選択
⑤ [OK] をクリック

❸ データソースの置換が完了した

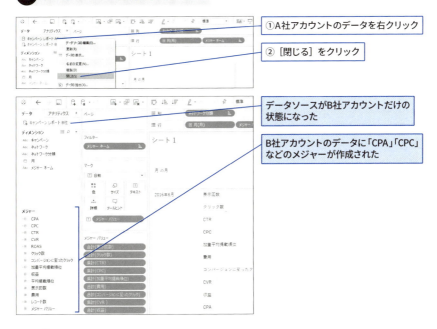

① A社アカウントのデータを右クリック
② [閉じる] をクリック

データソースがB社アカウントだけの状態になった

B社アカウントのデータに「CPA」「CPC」などのメジャーが作成された

同じ形式のデータに対して行った整形作業を、再度やらなくて済むテクニックが「データソースの置換」です。

関連　新法則26　メジャーの値には適切や単位や形式を設定する……………………………………… P.80
　　　　新法則33　直帰率やコンバージョン率は計算式で正確な値を求める……………………………… P.104
　　　　新法則34　ビジュアライズの障害となる不整形なデータに対処する……………………………… P.107

新法則 14

抽出ファイルの作成と設定

必要なデータを抽出して
ビジュアライズを高速化する

データソースがクラウド上にあったり、膨大なデータを含んでいたりする場合は、
抽出ファイルの作成がビジュアライズの高速化に役立ちます。

第1章 データソースへの接続と結合・抽出

データ接続の反応速度を高めてストレスを軽減

　Tableauがデータソースに接続する方式としては、「ライブ」と「抽出」の2種類があります。ライブではデータソースからリアルタイムにデータを取得し、抽出ではデータソースから取得したデータを、Tableau Desktopが動作しているパソコンに保存します。

　ここまでExcel/CSVファイル、Googleアナリティクス、Googleスプレッドシート、Google BigQueryへの接続について解説してきましたが、Googleアナリティクス以外のデータソースは、ライブと抽出のいずれかが選択できるようになっています。標準の接続方式はライブで、Googleアナリティクスは抽出のみです。

　ライブの最大のメリットはリアルタイム性、つまりデータソースの更新内容（データの変更や増分）がビジュアライズに即時反映される点にあります。しかし、Webマーケティングに関するデータをTableauでビジュアライズするときに、リアルタイム性が重要になるケースはあまりありません。むしろ、都度データソースを読み込むことによる反応速度の遅さが、ライブのデメリットになってきます。

　これはGoogleスプレッドシートやGoogle BigQueryなど、クラウド上にあるデータソースに接続していると顕著です。多くの場合、抽出のほうがメリットが多いでしょう。

データをパソコン内に保存する「抽出ファイル」を作成

　データソースへの接続方式をライブから抽出に切り替えると、標準では個人用フォルダーの［ドキュメント］（Macでは［書類］）-［マイTableauリポジトリ］-［データソース］フォルダーに抽出ファイルが保存されます。以降のビジュアライズにあたっては、接続先のデータソースではなくパソコン内の抽出ファイルのほうを参照するようになり、GoogleスプレッドシートやGoogle BigQueryを接続先としたビジュアライズでの反応速度の向上が期待できます。

◆ データソースへの接続方式を［抽出］に切り替える　014.twbx

日付の「ロールアップ」などでデータ量を削減できる

　接続方式を単純にライブから抽出に切り替えると、データソースにあるデータの全量から抽出ファイルが作成されます。接続先のデータソースにある全データがビジュアライズに必要な場合は、このままでかまいません。

　一方、データソースにある一部のデータはビジュアライズに不要な場合、全量を抽出せず、必要な分だけを選択して抽出ファイルを作成することも可能です。これには「フィルターを適用しながらデータを抽出する」操作を行い、適用したフィルターは「抽出フィルター」と呼びます。

　例えば、接続先のデータソースには日別のデータがあるものの、今回は月別でビジュアライズできればいいとします。この場合、日付を月単位に「ロールアップ」すると、レコードを日単位で持たない分、データ量を削減できます。ロールアップとは、日付のデータを日から月、四半期、年と、より粒度の大きい単位にまとめることを指します。

　ほかにも抽出フィルターを追加することで、不要なディメンションを除外した状態で抽出ファイルを作成することも可能です。抽出の手順は次のページで解説します。

次のページへ

◆ 日付をロールアップしてデータを抽出する

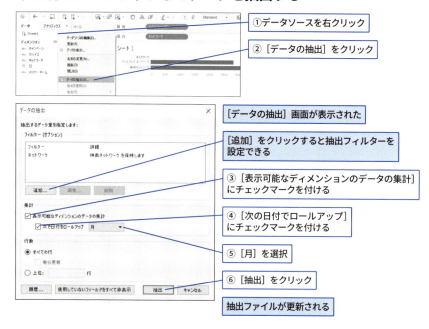

Tableauにおける3つのファイル形式

　Tableau Desktopが作成・保存する主要なファイル形式には、次の3つがあります。それぞれの違いを覚えておきましょう。

①Tableauワークブックファイル（.twb）

　ビジュアライズのみを記録するファイル。通常の方法で保存すると作成されます。XML形式のテキストなので、テキストエディターでも開けます。

②Tableau抽出ファイル（.tde）

　接続先のデータソースから、ビジュアライズに必要なデータを抽出（Data Extract）したファイル。この新法則の方法で作成されます。

③Tableauパッケージドワークブックファイル（.twbx）

　①と②をZip形式で圧縮したファイル。ビジュアライズとデータがセットになっているため、このファイルをメールなどで送信すると、受信者はデータソースへのアクセス権がなくてもビジュアライズを閲覧できます。無償のTableau Reader（新法則69～70を参照）でも開ける形式です。

■ データソースの更新時に増分だけを抽出ファイルに反映

　日別のデータでは、翌日に新規のデータが加わることが頻繁に起こります。数値形式で構成されている注文番号などのデータも同様です。そうした日を追うごとに増えていくデータを扱う場合、抽出ファイルの更新を行いますが、全部読み込み直すのではなく、増えた分だけを追加的に読み込む「増分更新」という設定が用意されています。

　標準の更新方法は「完全更新」ですが、ビジュアライズに使いたいデータ量が大きくなってくると、増分更新に切り替えることで更新時間を短縮できる場合があります。次の手順のように有効にし、「どの列が増えたら増分とみなすのか」を指定しましょう。通常は日付や注文番号などが入力される列が妥当です。

　なお、注文番号の場合、連続した数値でなくても問題はありませんが、新規の番号は既存の番号よりも大きい数値である必要があります。

◆ データソースの増分からデータを抽出する

「抽出」によってビジュアライズのファイルとデータを分離することで、データは別のユーザーが独自に利用することも可能になります。

関連 新法則15 リアルタイムな分析でのデータ量を削減する ……………… P.62
　　　 新法則75 定期レポートはサーバーでの自動更新を設定する ……………… P.208

新法則 15

データソースフィルターの設定

リアルタイムな分析での データ量を削減する

リアルタイム性が重要なビジュアライズでは、データソース自体にフィルターを適用しましょう。読み込むデータ量を削減できます。

■ 抽出ファイルを作成せずにデータ量を絞り込む

データソースから読み込むデータ量を削減する機能としては、データの抽出のほかにも「データソースフィルター」があります。これはライブ接続でも利用できるのが特徴で、特定のディメンションの保持や除外、メジャーの範囲指定などが行えます。

例えば、Google Search ConsoleのデータをGoogle BigQueryに接続し、メジャー「impressions」が10を下回る行は除外したい場合、次の手順のように設定します。なお、データの抽出も同時に設定しているときは、抽出の適用後に、データソースフィルターが適用されます。

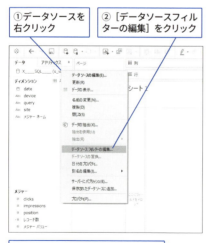

① データソースを右クリック
② ［データソースフィルターの編集］をクリック
③ ［データソースフィルターの編集］画面で［追加］をクリック

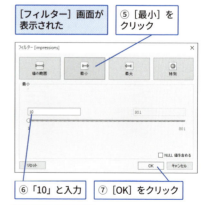

④ ［フィルターの追加］画面で [impressions] をダブルクリック
⑤ ［最小］をクリック
⑥ 「10」と入力
⑦ ［OK］をクリック
⑧ ［データソースフィルターの編集］画面で［OK］をクリック

［フィルター］画面が表示された
フィルターが適用される

機能的には抽出のほうが豊富ですが、ライブ接続でデータ量を減らしたい場合はデータソースフィルターの出番です。

新法則 16

日付のプロパティの調整

レポートの開始日は年度や営業日に合わせる

自社の会計年度や営業日に合わせて、年・週の始まりを調整できます。Tableauでのビジュアライズを始める前に設定しておきましょう。

年や週の開始日を自由に変更できる

　Tableauの標準設定では、年の始まりは「1月1日」、週の始まりは「日曜日」となっていますが、これを変更したいケースがあります。例えば、日本企業における会計年度の開始日として一般的な「4月1日」を年の始まりとしたい場合、営業日の開始日となる「月曜日」を週の始まりとしたい場合などです。

　また、土日のセールスが重要な業界では、毎週水曜日など平日の未明に、Webサイトに掲載する商品を入れ替えることがあります。こうしたケースでは、定期レポートにおける週の始まりを「水曜日」にする設定も妥当です。Tableauでは次の手順で、年・週の始まりをフレキシブルに変更できます。

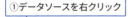

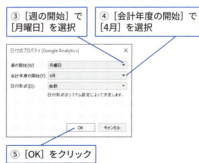

Webマーケティングのレポーティングにおいて、日付の扱いは重要です。ビジュアライズを始める前に常に意識してください。

関連　新法則37 日別セッション数の推移でグラフの基本を理解する ……………………………… P.121

Garbage in, garbage out.

この言葉を聞いたことがありますか?「ゴミを入れれば、ゴミが出てくる」──BIの世界では「精度の低いデータを入力すれば、精度の低い出力結果しか得られない」という意味になります。これはTableauにおいても完全に正しい格言です。

BIツールに対する過信から、「どんなデータでも、入力すればたちどころに意味のある知見を返してくれる」という文脈で、Tableauの導入を検討する企業があると聞きます。しかし、社内のあちこちに散在しているフォーマットの異なるデータは、Tableauにとって精度の低い(不正な)データとなり、有効な知見は得られません。

したがって、データの種類や状況によっては、Tableauの真価を発揮するために「データクレンジング」や「データハンドリング」といった事前準備が必要になることを念頭に置いておくべきです。こうした準備は「ETL」(Extract, Transform, Loadの略)と呼ばれ、そのためのツールも存在していますが、BIツールとはまた別の分野になるので、新たに学習する必要があるでしょう。

とはいえ、本書が対象とするのは「Webマーケティングのビジュアライズ」です。主に利用するデータソースであるGoogleアナリティクス、リスティング広告、Google Search Consoleにおいては、データクレンジングがほぼ必要ない、非常にクリーンなデータを取得できます。唯一、必要となるのは「クエリパラメーター付きのURLを正規化する」ことくらいで、Tableauの計算フィールドで簡単に実現できるため、特に心配することはありません。これら3種類のデータソースを取り扱う限りにおいては、データクレンジングのことはあまり考えなくて済みます。

ただし、ほかに重要な準備もあります。それはGoogleアナリティクスにおいて「施策と成果の紐付け」ができた状態にしておくことです。具体的には以下の2点です。

① utmパラメーターを使ったキャンペーントラッキング
② 目標設定によるコンバージョントラッキング

これらができていない場合、データから得られる知見は大変薄いものになります。マーケターのみなさんには、Tableauに接続する前のGoogleアナリティクスの状態にも十分に気を配ってほしいところです。Googleアナリティクスについて学習を進めたい人は、拙著『できる逆引きGoogleアナリティクス Web解析の現場で使える実践ワザ240』(インプレス)も参照してください。

第 **2** 章

ディメンションと
メジャーの整形

Tableauで正確なビジュアライズを行うには、データソースから取得したディメンション（分析の軸）とメジャー（指標）の整形が不可欠です。「グループ」「セット」「計算フィールド」といった高度な概念も含めて、データの準備作業について解説します。

新法則 17

ディメンションとメジャーの名前の変更

データの項目名は誰でもわかる名前にする

データソースから取得した項目名のままでは、ディメンションとメジャーが何を示しているのか理解しにくいことがあります。わかりやすい名前にしておきましょう。

■「目標 ○ 完了」はGoogleアナリティクスでの名前に揃える

　データソースへの接続後、Tableauワークスペースの［データ］ペインに表示されるディメンションとメジャーの名前は、データソース内での表記に従います。ただし、接続先がGoogleアナリティクスの場合、Googleアナリティクスの画面で「申込完了数」などと表記されている目標設定の指標は、Tableauでは「目標 ○ 完了」という名前になってしまいます。API経由でのデータ取得では、目標設定の名前が引き継がれないためです。

　この場合、Tableauワークスペースで「目標 ○ 完了」を「申込完了数」に変更し、Googleアナリティクスの画面と表記を揃えたほうが、以後の操作が直感的に行えます。また、新法則7で解説したデータのブレンドにおいて、異なるデータソース間でディメンションを共通項目として認識させるためにも、名前の変更が必要になります。

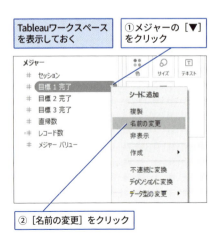
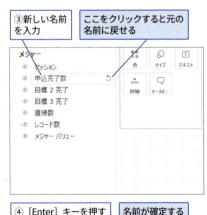

名前の変更は簡単な操作ですが、わかりやすいビジュアライズのために意外と重要なテクニックです。

新法則 18

ディメンションとメジャーのフォルダー分け
同じ種類のデータは まとめて一覧性を高める

項目数の多いデータソースに接続すると、ディメンションとメジャーの一覧が見にくくなります。フォルダーで整理しましょう。

■ ビジュアライズの素材がひと目で見渡せる環境を作る

　多数のディメンションとメジャーを持つデータソースに接続したり、以降の新法則で解説する計算フィールドやセット、パラメーターを多数作成したりすると、［データ］ペインに並ぶ項目が増えすぎて使いにくくなります。Tableauでのビジュアライズはディメンションとメジャーを「シェルフ」や「カード」にドラッグして行うので、それらの一覧性が損なわれてしまうと、とてもストレスが溜まります。

　対策としては、同じ種類のデータをまとめるフォルダーを作成するか、使わないディメンションとメジャーを［非表示］にする方法があります。ここではフォルダーを作成する手順を解説します。

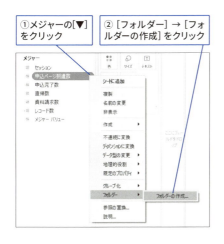
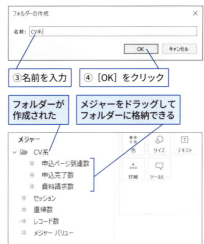

ディメンションとメジャーと同様に、フォルダーの名前も簡潔かつすぐに内容を連想できるものにしましょう。

新法則 19

ディメンションとメジャーの切り替え

数値のディメンションを指標として活用する

ディメンションの中には、「2回目」「3日ごと」といった数値で項目が表されるものもあり、メジャーに切り替えて分析に生かすこともできます。

元のデータソースとは別の役割を持たせられる

　ディメンションとメジャーを区別する際、多くの場合は数値（定量的なデータ）がメジャー、それ以外がディメンションと考えていいのですが、実は数値で表されるディメンションもあります。Googleアナリティクスから取得できる「セッションの数」「セッションの滞在時間」「セッションの間隔」「トランザクションまでのアクセス数」「購入までの日数」は、いずれも数値で表されますが、ディメンションです。

　Tableauはこれらをちゃんとディメンションとして認識しますが、分析目的によってはメジャーに切り替えるのも有効です。切り替える方法は、［データ］ペイン内で［ディメンション］から［メジャー］のエリアにドラッグするだけです。例えば、「セッションの間隔」をメジャーに切り替えて集計方法を中央値に変更し（新法則25を参照）、色塗りマップ（新法則48を参照）を作成すると、以下のようなビジュアライズが可能になります。

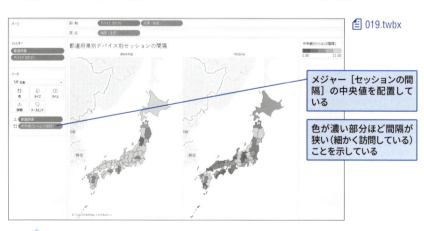

019.twbx

メジャー［セッションの間隔］の中央値を配置している

色が濃い部分ほど間隔が狭い（細かく訪問している）ことを示している

逆にメジャーをディメンションにすることも可能で、さまざまな分析のバリエーションが考えられます。

新法則 20

ディメンションメンバーへの別名の付与
ディメンション内の冗長な項目名には別名を付ける

「ディメンションメンバー」の名前が長すぎると、ビューに配置したときにスペースをとりすぎるなどの問題があります。簡潔な別名を付与しましょう。

■ ビジュアライズ後の見栄えをすっきりさせる

　新法則17ではディメンションとメジャーの名前を変更する方法を解説しましたが、ディメンション内の各項目である「ディメンションメンバー」の名前も変更できます。次の手順ではGoogle AdWordsのキャンペーンレポート（Excelファイル）に接続していますが、ディメンション「デバイス」のメンバーに「フルインターネットブラウザ搭載のタブレット」といった名前があり、いかにも冗長です。

　ディメンションメンバーでは、別名（エイリアス）を付与する形でTableauでの表示名を変更できます。なるべく簡潔で、そのディメンション内で統一感のあるメンバー名を付けることで、ビジュアライズをすっきりと整理できます。

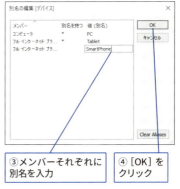

簡潔な名前を付けることは、1つの画面に必要な情報をうまく収めるために必須のテクニックです。

関連 新法則17 データの項目名は誰でもわかる名前にする……………………P.66

新法則 21

ディメンションの階層化

チャネルや地域は階層化してドリルダウンを実現する

大きな粒度から小さな粒度へと掘り下げて分析するドリルダウンは、複数のディメンションからなる階層構造を作成することで実現できます。

■ ディメンションに階層構造を持たせることが可能

分析の軸となるディメンションには、階層構造を取りうるものがあります。Googleアナリティクスなら「チャネル」→「メディア」→「参照元」、「国」→「地域」などが該当し、リスティング広告なら「キャンペーン」→「広告グループ」といった具合です。

しかし、データソースへの接続直後は、それらのディメンションはTableauにおける階層構造を持っていません。階層構造を実現するには、Tableauワークスペースで次の操作を行う必要があります。ここでは「チャネル」(ディメンション名は「既定のチャネルグループ」。Googleアナリティクスでは「Default Channel Grouping」と表示される)の階層下に「メディア」と「参照元」を配置します。

◆ ディメンションの階層を作成する　　📄 021.twbx

①[メディア]を[既定のチャネルグループ]にドラッグ

②階層の名前を入力

③[OK]をクリック

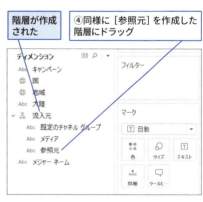

階層が作成された

④同様に[参照元]を作成した階層にドラッグ

上位の階層が上になるようにドラッグして並べ替える

3つのディメンションを階層構造にできた

第2章 ディメンションとメジャーの整形

1クリックで簡単にドリルダウンできる

　階層構造を作成しておくと、ビジュアライズを行ったあと、上位の階層から下位の階層へとディメンションを簡単に細かくできます。こうした手法は「ドリルダウン」と呼び、ディメンションの階層化はドリルダウンを実現するための準備といえます。
　次の手順にある例は、前のページの「チャネル」と同様に「大陸」→「国」→「地域」の3つのディメンションで階層構造を作成し、それぞれのセッション数をビジュアライズしたものです。行シェルフに配置した［大陸］での操作で、［国］［地域］へと簡単にドリルダウンできる様子を示しています。

◆ 階層化したディメンションをドリルダウンする　021.twbx

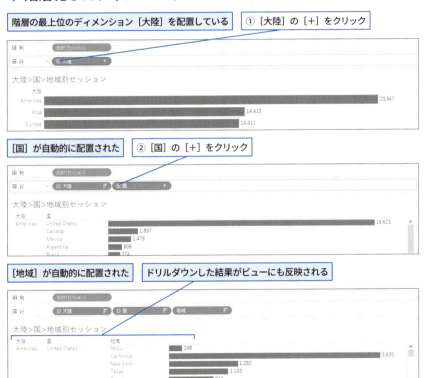

上位の階層を見せてから、ユーザーの興味のおもむくままに深掘り可能なドリルダウンを実現するのがディメンションの階層化です。

関連　新法則97 国別の自然検索流入は地図上の円グラフで表現する……………… P.258

新法則

22

ディメンションへの地理的役割の付与

都道府県のデータは
地図での可視化に活用する

アクセスや購入の傾向を地理的条件で比較したい場合、地図を使ったビジュアライズが有効です。Tableauで実現するための準備をしましょう。

第2章

ディメンションとメジャーの整形

都道府県を表すディメンションに地理的役割を与える

　Tableauには、地図を色分けしたりグラフなどを重ね合わせたりすることで、発生している事象と地理的な位置との関係性をビジュアライズする機能があります。例えば、ディメンションに日本の都道府県があれば、都道府県ごとにメジャーを地図上の色やグラフで表現できるようになります。

　ただし、こうしたビジュアライズを実現するには、「ディメンションに地理的役割を付与する」という準備が必要です。ここでは都道府県別のレコードを持つ以下のExcelファイルを使って、Tableauに表示されたディメンション[都道府県]に地理的役割を割り当てます。こうすることで、[都道府県]の各メンバーとTableauが持つ位置情報（緯度・経度）データが関連付けられ、地図上でのマッピングが可能になります。

◆ 都道府県の列があるExcelファイルの例　📄 022.xlsx

	都道府県	出生数	死亡数	婚姻件数	離婚件数	人口1,000につき出生率	人口1,000につき死亡率	人口1,000につき自然増減率	人口1,000につき婚姻率	人口1,000につき離婚率	乳児死亡率（出生1,000につき）	
2	北海道	37,058	60,018	26,018	11,003	6.9	11.2	-4.3	4.8	2.04	1.6	
3	青森	8,853	17,042	5,481	2,195	6.7	12.9	-6.2	4.2	1.67	1.9	
4	岩手	8,803	16,274	5,482	1,855	6.9	12.7	-5.8	4.3	1.45	1.9	
5	宮城	18,069	22,854	11,765	3,824	7.8	9.9	-2.1	5.1	1.65	1.9	
6	秋田	5,998	15,095	3,842	1,444	5.8	14.6	-8.8	3.7	1.40	2.5	
7	山形	7,966	15,031	4,699	1,670	7.1	13.4	-6.3	4.2	1.48	2.4	
8	福島	14,517	23,495	8,711	3,165	7.5	12.2	-4.7	4.5	1.64	1.9	
9	茨城	21,873	30,341	13,800	4,955	7.6	10.5	-2.9	4.8	1.72	2.7	
10	栃木	15,442	20,755	9,770	3,322	7.9	10.6	-2.7	5.0	1.70	3.6	
11	群馬	14,522	21,441	9,089	3,312	7.5	11.0	-3.6	4.7	1.71	1.3	
12	埼玉	55,765	61,269	35,218	12,484	7.8	8.6	-0.8	4.9	1.75	2.1	
13	千葉	46,749	53,975	30,578	10,642	7.6	8.8	-1.2	5.0	1.74	2.2	
14	東京	110,629	111,023	87,000	23,653	8.5	8.5	-0.0	6.7	1.81	1.9	
15	神奈川	72,996	74,387	48,851	16,004	8.1	8.3	-0.2	5.4	1.78	2.0	
16	新潟	16,480	28,316	9,954	3,175	7.2	12.3	-5.1	4.3	1.38	2.0	
17	富山	7,556	12,584	4,540	1,417	7.1	11.9	-4.7	4.3	1.34	2.2	
18	石川	8,961	12,190	5,370	1,708	7.8	10.6	-2.8	4.7	1.49	2.3	
19	福井	6,166	8,817	3,706	1,135	7.9	11.3	-3.4	4.8	1.46	1.9	
20	山梨	6,063	9,755	3,723	1,401	7.2	11.8	-4.4	4.5	1.69	1.8	
21	長野	15,848	24,751	9,514	3,279	7.6	11.9	-4.3	4.8	1.57	1.5	

A列にある「都道府県」がディメンション、B列の「出生率」以降がメジャーとなる。

72 できる

◆ ディメンションに地理的役割を付与する　022.twbx

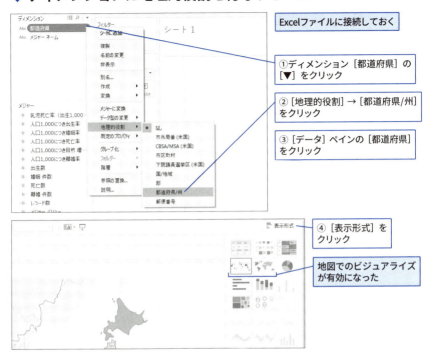

ローカルな情報を扱うWebサイトや、実店舗もあるECサイトでは、こうした地域属性の直感的理解が特に重要です。

郵便番号のエリアを地図で示すこともできる

郵便番号に地理的役割を付与することもできます。2016年8月現在、日本の郵便番号は最初の3桁しか認識されませんが、市区町村といった細かい地域でのビジュアライズが可能です。

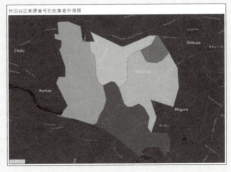

都道府県の場合と同様に［地理的役割］→［郵便番号］を付与すると、郵便番号の地域でのマッピングが行える。

新法則 23

ディメンションの結合

2つのディメンションの掛け合わせは結合で実現する

「結合」の機能を使えば、Googleアナリティクスのフラットテーブルのように2つの
ディメンションを掛け合わせたデータを見られます。

2つの項目で新しいディメンションを作る

　複数のディメンションを掛け合わせて、1つのディメンションとしてデータを見たい
ケースがあります。例えば、Googleアナリティクスには「ユーザータイプ」と「メディア」
というディメンションがありますが、これらを掛け合わせて「新規ユーザーの自然検索
トラフィック」といったメンバーを取り出したい場合などです。これには、次のページに
ある手順のようにディメンションの「結合」を行います。

　2つ目の画面にあるビジュアライズは、日別セッション数の折れ線グラフを結合ディメ
ンション「ユーザータイプ＆メディア」で色分けしたものです。ビューの右側にある凡
例を見ると、「New Visitor, organic」といった結合されたディメンションメンバーごとに
線が描かれていることがわかります。

　なお、線の数を絞って例をわかりやすくするために、「(none)」「organic」「referral」
以外のメディアが含まれるメンバーはフィルターで除外しています。フィルターの適用
は新法則30、色分けされた折れ線グラフの作成は新法則39で解説しています。

掛け合わせたセグメントのパフォーマンスを個別に把握

　ここでは「ユーザータイプ」と「メディア」を結合しましたが、ほかにもGoogleアナ
リティクスなら「キャンペーン」と「参照元/メディア」、Google AdWordsなら「広告タ
イトル」と「広告文1」、「広告文2」を結合させるような使い方があります。掛け合わせ
たディメンション（セグメント）ごとに、集客や収益への貢献度を個別に把握したいと
きに有効なテクニックです。Googleアナリティクスのカスタムレポートの種類として選
択できる、「フラットテーブル」と似た表現方法でもあります。

　なお、ディメンションを結合したあと、2つのディメンションの並び順が適当でない
場合は、編集画面から簡単に順序を変更できます。ディメンションメンバーの区切り
文字も、好きな記号などに変更可能です。

◆ 2つのディメンションを結合する 023.twbx

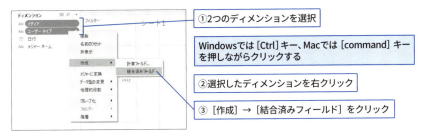

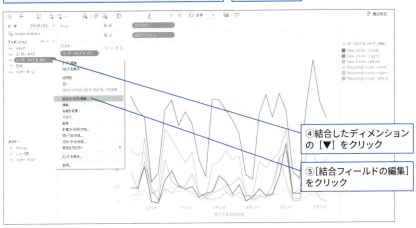

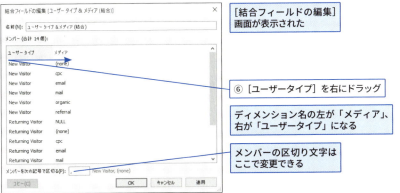

複数のディメンションの掛け合わせは、1つのビジュアライズから得られる情報をより多くするために役立ちます。

関連 新法則43 階層化されたビューはひと手間かけて並べ替える ……………… P.134

新法則 24

ディメンションの分割

文字列による分割で独立したディメンションを作成する

1つのディメンションが複数の項目の集合体である場合、個別のディメンションとして分割することで柔軟な集計を可能にできます。

第2章
ディメンションとメジャーの整形

■「参照元/メディア」を「参照元」と「メディア」に分ける

結合とは逆に、1つのディメンションを複数のディメンションに分割することもできます。例えば、Googleアナリティクスの「参照元/メディア」は、もっとも代表的な結合されたディメンションです。データの取得数に制約がある中でディメンションの数を節約するために役立ちますが、ビジュアライズにおいては「参照元」だけ、「メディア」だけを利用したい場合があるので、分割してみましょう。

ディメンションの分割には通常の分割と「カスタム分割」の2つの方法がありますが、前者は分割する基準をTableauに任せてしまうので、あまり利用しません。「参照元/メディア」は「google / organic」のように、「 / 」(前後に半角スペースがある半角スラッシュ)を境に「参照元」と「メディア」に分かれるので、これを区切り文字としてカスタム分割を実行します。次のページの上にある手順のように操作しましょう。

分割された新しいディメンションは、「参照元/メディア – 分割済み 1」「参照元/メディア – 分割済み 2」という名前になります。このままではわかりにくいので、新法則17を参考に「参照元」と「メディア」に名前を変更しておきます。

■「ランディングページ」からディレクトリを取り出す

分割が意味をなすディメンションとしては、ほかにもGoogleアナリティクスの「ページ」や「ランディングページ」があります。URLを「/」で分割することで、ディレクトリごとのセッション数やページビュー数の集計が可能です。ディレクトリがコンテンツのまとまりを表していれば、コンテンツごとの指標を取り出せるようになります。

こうしたURLの分割では、[カスタム分割]画面にある[分割]で「分割された何列分をディメンションとして残すか」を指定しましょう。「www.principle-com/aaa/bbb/ccc」に対して最初の2列分を指定すれば、「www.principle-com」と「aaa」として分割できます。後者はランディングページの第1階層にあたるので、次のページの下にある画面のようなビジュアライズが行えます。

◆ディメンションを分割する　024.twbx

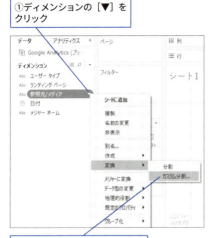
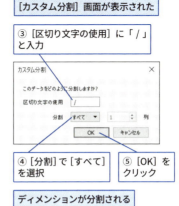

①ディメンションの［▼］をクリック

②［変換］→［カスタム分割］をクリック

［カスタム分割］画面が表示された

③［区切り文字の使用］に「/」と入力

④［分割］で［すべて］を選択

⑤［OK］をクリック

ディメンションが分割される

◆分割したランディングページを活用した例　024.twbx

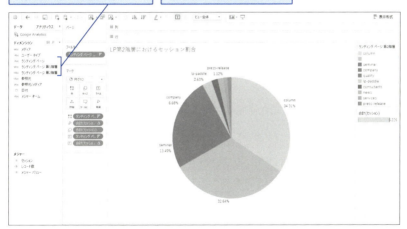

「ランディングページ」を分割したディメンションを作成した

ランディングページの階層別でビジュアライズできる

1つを複数に分けるだけでなく、別々の独立したディメンションとしても使えるのが分割の面白いところです。

関連	新法則8　Googleアナリティクスへの接続時は分析目的を意識する……P.44
	新法則17　データの項目名は誰でもわかる名前にする……P.66

新法則 25

メジャーの集計方法の変更

集計方法の違いによるメジャーの値の変化を理解する

ディメンションごとの評価を数値化したメジャーは、最大値や平均、中央値など、さまざまな集計方法で表せます。変更方法と注意点を知っておきましょう。

■ 合計以外の方法でセッション数などの指標を集計

Tableauではメジャーに対して、それぞれの集計方法を指定できます。集計方法には標準の設定である[合計]のほか、[最大値][平均][中央値][最小値][標準偏差]などがあり、分析目的によって使い分けることが可能です。

これだけでは理解しにくいと思うので、次のページにあるシンプルなExcelファイルで説明しましょう。下の手順のように「セッション」の集計方法を変えてビジュアライズすると、まず例①を作成できます。セッション数の3日間の合計は1,350、最大値は6月3日の650、平均は1,350÷3で450と、特に違和感のない値です。

ただし、[合計]以外の集計方法については、ディメンションの増減によってメジャーの値が変化することに注意してください。次のページにある例②は、ディメンションが「日付」だけだった例①に「ユーザータイプ」を加えたものです。

同じように複数の集計方法でビジュアライズすると、合計を除いて例①とはまったく異なる値が返ってきます。計算結果自体は適切ですが、最大値は650から350（6月3日のReturning Visitor）、平均は450から225（1,350÷6）と大きく変化しています。ディメンションが増え、セグメントが細分化されたことで、こうした変化が起こってくるわけです。

◆ メジャーの集計方法を変更する

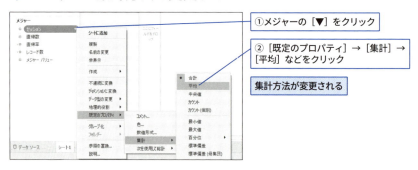

① メジャーの［▼］をクリック

②［既定のプロパティ］→［集計］→［平均］などをクリック

集計方法が変更される

◆ 集計方法が異なるメジャーの値の例① 📄 025.xlsx/025.twbx

	A	B	C
1	日付	セッション	
2	2016/6/1	250	
3	2016/6/2	450	
4	2016/6/3	650	
5			

3日分のセッション数のデータと、それを5つの集計方法で表現した棒グラフ。

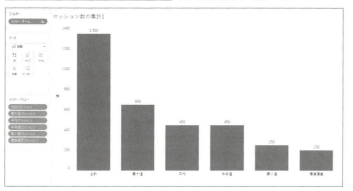

◆ 集計方法が異なるメジャーの値の例② 📄 025.xlsx/025.twbx

	A	B	C	D
1	日付	ユーザータイプ	セッション	
2	2016/6/1	New Visitor	100	
3	2016/6/1	Returning Visitor	150	
4	2016/6/2	New Visitor	200	
5	2016/6/2	Returning Visitor	250	
6	2016/6/3	New Visitor	300	
7	2016/6/3	Returning Visitor	350	
8				

例①にディメンションとして「ユーザータイプ」を追加。

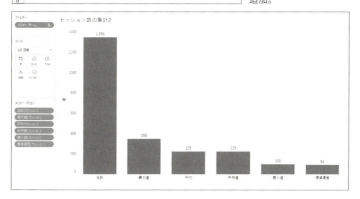

メジャーの最大値や平均、中央値などは、ディメンションの適用により変わってくることを忘れないようにしましょう。

関連 新法則26 メジャーの値には適切や単位や形式を設定する ················· P.80

新法則 26

メジャーの数値形式の変更

メジャーの値には適切な単位や形式を設定する

メジャーの値に単位や桁区切り記号を表示するには、Tableauでは「数値形式」を適用します。メジャーごとに設定が必要です。

■ 単位の表示はわかりやすいビジュアライズに不可欠

「収益」や「直帰率」といったメジャーには、「¥」「%」などの単位記号を付けて表したほうが格段にわかりやすくなります。また、通貨に桁区切りのカンマを付けたり、パーセントで表示する小数点以下の桁数を指定したりすることも、ビジュアライズの意図を伝わりやすくする効果があります。

Excelでいえばセルの表示形式にあたりますが、Tableauではメジャーのそれぞれに「既定の数値形式」を指定することで、こうした表示が可能になります。例えば、メジャー「CTR」「直帰率」にパーセントの数値形式を適用するには、次のページにある上の手順のように操作します。

■ 「人」「回」「秒」「日」などの単位はカスタム設定で

［パーセント］以外の数値形式としては、［数値（カスタム）］または［通貨（カスタム）］の利用頻度が高いでしょう。どちらも「カスタム」とあるように、以下の項目について柔軟な設定が行えます。

・小数点以下の桁数
・負の値の表現方法
・単位（千、百万、十億）
・プレフィックス（値の前に付ける文字や記号）
・サフィックス（値の後に付ける文字や記号）
・千の桁区切りの有無

例えば、単に「73」と表示されているメジャー「平均セッション時間」を「73.2秒」としたい場合、設定方法は次のページにある下の手順のようになります。

第2章 ディメンションとメジャーの整形

80 | できる

◆ メジャーに[パーセント]の数値形式を適用する

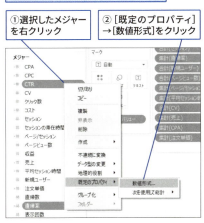

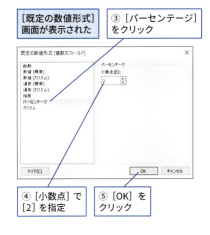

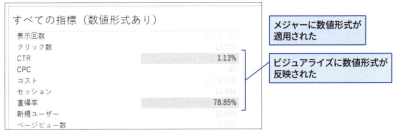

◆ メジャーに[数値(カスタム)]の数値形式を適用する

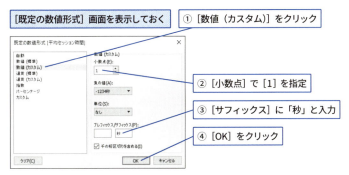

数値形式をまったく使用しないビジュアライズはわかりにくいものです。見る人の気持ちを考えて設定しましょう。

関連 新法則25 集計方法の違いによるメジャーの値の変化を理解する……… P.78

新法則 27

グループの作成

細かいディメンション項目は
グループ化して数を絞る

データソースから取得できるディメンションメンバーが細かすぎる場合、メンバーごとにグループを作成することで、より大きな分類での分析が行えます。

第2章 ディメンションとメジャーの整形

ばらけてしまったディメンションメンバーをまとめる

Tableauでのビジュアライズにおける強力な機能の1つに「グループ」があります。これは、あるディメンションにおける複数のメンバーをグループ化し、そのグループ間のパフォーマンスを比較できる、というものです。

例えば、いくつかのファッションブランドを扱うECサイトを運営しているとします。このサイトの販促のためリスティング広告を実施し、結果となる広告グループ別のレポートが、次のページの上にあるようなExcelファイルとして用意できました。

このファイルにTableauから接続すると、「キャンペーン」「広告グループ」「媒体」がディメンションとなります。このうち「キャンペーン」と「媒体」はディメンションメンバー（Excelの表のレコード）がきれいに分類されているため、何の問題もなくビジュアライズが行えます。

しかし、「広告グループ」は運用上の不備で、同じ意味を表すメンバーが複数に分かれてしまいました。「男性用」「メンズ」「マスオ」「メンズライン」「男性用」は、成人男性向けの広告グループとして1つにまとめたかったもので、このままでは有効なビジュアライズができません。

グループ分けした新しいディメンションを追加

Tableauのグループ機能は、こうしたケースで効果を発揮します。次のページの下にある手順のように、複数のメンバーを1つのグループにまとめてみましょう。広告グループごとの集計表は新法則38を参考に作成します。グループの作成直後は名前がわかりにくいので、続けて編集画面を表示して簡潔なものに変更します。

同様に「40代女性」「ウイメンズ」「サザエ」などは成人女性向け、「子供用」「男児」「ワカメ」などは子供向けとしてメンバーをまとめ、それぞれのグループに名前を付ければグループ分けの完了です。メンバーをグループ分けしたディメンションは、新しいディメンションとして［データ］ペインに追加されます。

82 | できる

◆ リスティング広告のレポートの例　027.xlsx

	A	B	C	D	E	F	G	H	I
1	キャンペーン	広告グループ	表示回数	クリック数	平均掲載順位	費用	コンバージョン	媒体	
2	ブランドA	男性用	22255	2269	1	62,244	98	Google	
3	ブランドA	女性用	821	108	1	3,740	1	Google	
4	ブランドA	子供用	1378	181	1	3,306	4	Google	
5	ブランドB	メンズ	27723	1217	1.6	75,814	13	Google	
6	ブランドB	レディース	11565	732	1.6	48,151	2	Google	
7	ブランドB	男児	2535	201	1	8,208	10	Google	
8	ブランドB	女児	12215	1278	1	28,780	59	Google	
9	ブランドC	マスオ	1757	203	1	9,966	8	Google	
10	ブランドC	サザエ	6027	530	1	18,144	22	Google	
11	ブランドC	ワカメ	2651	206	1.1	9,079	12	Google	
	ブランドD	カツオ	3921					Google	
21	ブランドD	女の子用		1489	2.6	129,237	5	Yahoo	
22	ブランドC	40台男性	33266	829	2.3	68,833	9	Yahoo	
23	ブランドC	40台女性	689	165	1	1,344	15	Yahoo	

「キャンペーン」と「媒体」は整理されているが、「広告グループ」のレコードに統一感がない。

◆ ディメンションメンバーのグループを作成する　027.twbx

1　メンバーをグループ化する

広告グループごとの集計表を作成した

①グループにしたいメンバーを選択　　②選択したメンバーにマウスポインターを合わせる

ツールバーが表示された　　③［メンバーのグループ化］をクリック

2　［グループの編集］画面を表示する

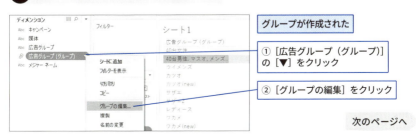

グループが作成された

①［広告グループ（グループ）］の［▼］をクリック

②［グループの編集］をクリック

次のページへ

❸ グループの名前を変更する

[グループの編集] 画面が表示された

①グループを選択

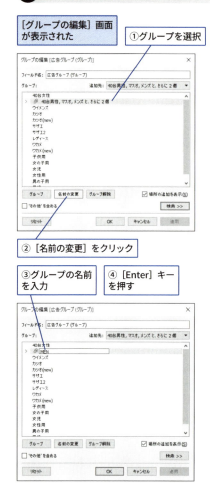

②[名前の変更]をクリック

③グループの名前を入力

④[Enter]キーを押す

❹ 新しいグループを作成する

グループ名を変更できた

新しいグループを作成する

①グループにしたいメンバーを選択

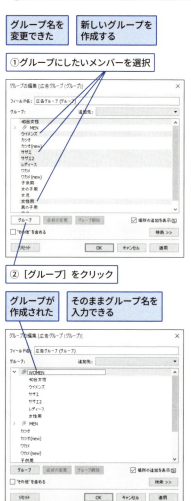

②[グループ]をクリック

グループが作成された

そのままグループ名を入力できる

メンバーの数が多ければ検索して絞り込む

グループとしてまとめたいメンバーが多数ある場合は、[グループの編集]画面にある[検索]機能を利用しましょう。ここでの例では、子供向けとしてまとめたい多くのメンバーに「子」という文字が含まれているため、これをキーワードにして検索すれば、一致したメンバーからグループを作成できます。

■ ディメンションメンバーが逐次追加される場合は要注意

こうしてメンバーが集約された「広告グループ（グループ）」という名前のディメンションにより、以下のようなビジュアライズが可能になります。ほかにも「ページ」のディメンションメンバーをまとめてサイト内のカテゴリーを表現する、などの活用法が考えられるでしょう。

ただし、グループ機能には1つ弱点があります。データソースの更新によってグループ化したディメンションに新しいメンバーが追加された場合、そのメンバーをどこかのグループに手動で加える必要があるのです。自動的には分類されないため、そのままでは追加されたメンバーだけが浮いてしまいます。

よって、時間の経過などでメンバーが変化するタイプのディメンションでは、グループ機能の多用はあまり好ましくありません。この場合、新法則34で解説する計算フィールドを利用したグループ化で対応します。

◆ グループ化したディメンションを活用した例

「広告グループ」のディメンションメンバーを3つのグループにまとめた

グループごとの表示回数の構成比などをビジュアライズできる

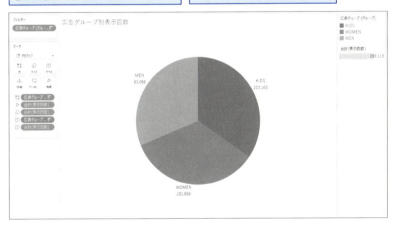

グループの作成は、任意のディメンションメンバーをまとめて元のデータソースにはない軸に基づく傾向を把握したいときに便利です。

関連	新法則28 条件でまとめられる項目はセットで分類する	P.86
	新法則34 ビジュアライズの障害となる不整形なデータに対処する	P.107
	新法則38 リスティング広告の主要指標で集計表の基本を理解する	P.124

新法則 28

セットの作成

条件でまとめられる項目はセットで分類する

ある条件でディメンションを2つのメンバーに分類する方法として「セット」があります。計算式を使った自動的な分類も可能です。

■ ディメンションに条件を指定してメンバーを二分

「グループ」と同様に、ディメンションメンバーをまとめる機能として「セット」があります。Tableauのヘルプを参照すると、セットとは「いくつかの条件に基づいてデータのサブセットを定義するカスタムフィールド」と説明されていますが、なかなか理解しにくい概念です。下の画面にある単純化したExcelファイルで解説します。

セットでは、ディメンションメンバーに対して条件を指定し、その条件に合致するか否か（「IN」か「OUT」か）でまとまり（サブセット）が作成されます。例えば、「2015年に購入した顧客」という条件でセットを作成すると、「山田太郎」と「鈴木花子」だけがセットに含まれ（IN）、それ以外はセットに含まれない（OUT）、と分類します。

さらに、セットは2つまで「結合」が可能です。「2015年に購入した顧客」と「2016年に購入した顧客」という2つのセットを、両方のセットに含まれるメンバーという条件で結合すると、その結合セットでは「山田太郎」だけがINになります。

ここまでをセットの基本として理解したうえで、セットの作成と結合を行ってみましょう。手順は次のページ以降に掲載しています。

88ページの最後にある画面では、結合セット「2015年＆2016年顧客」をディメンション、「購入金額」をメジャーとして簡単な集計表を作成しています。このセットに含まれるのは「山田太郎」だけで、INとして分類されるべき購入金額の合計は10,000円＋15,000円、つまり「25,000円」なので、正しい結果が返されていることがわかります。

◆ 顧客別の購入日・金額を表すExcelファイルの例　📄 028.xlsx

	A	B	C	D
1	顧客名	購入日	購入金額	
2	山田 太郎	2015/5/1	¥10,000	
3	鈴木 花子	2015/8/10	¥10,000	
4	山田 太郎	2016/3/5	¥15,000	
5	髙橋 一郎	2016/6/10	¥20,000	
6				

「顧客名」「購入日」がディメンション、「購入金額」がメジャーとなる。

◆ セットを作成する　028.twbx

❶ [フィールドのフィルター] 画面を表示する

[顧客名] を [行] シェルフに配置しておく

[購入日] を [フィルター] カードにドラッグ

❷ [フィルター] 画面を表示する

[フィールドのフィルター] 画面が表示された

① [年] を選択　② [次へ] をクリック

❸ 条件を指定する

[フィルター] 画面が表示された

① [2015] にチェックマークを付ける　② [OK] をクリック

❹ [セットの作成] 画面を表示する

2015年に購入した顧客だけに絞り込まれた　すべての行を選択しておく

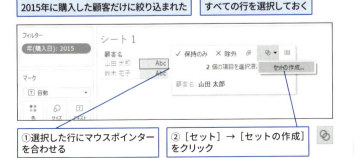

①選択した行にマウスポインターを合わせる　② [セット] → [セットの作成] をクリック

次のページへ

⑤ セットを作成する

[セットの作成]画面が表示された

①セットの名前を入力　②[OK]をクリック

⑥ セットが作成された

セット[2015年顧客]が作成された

[購入日]を[フィルター]カードの外にドラッグ

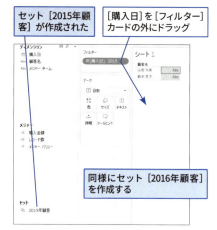

同様にセット[2016年顧客]を作成する

◆ セットを結合する　📄 028.twbx

❶ [セットの作成]画面を表示する

結合したいセットを選択しておく

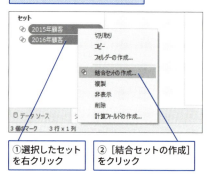

①選択したセットを右クリック　②[結合セットの作成]をクリック

❷ 結合セットの条件を指定する

両方のセットに含まれるメンバーを条件にする　①結合セットの名前を入力

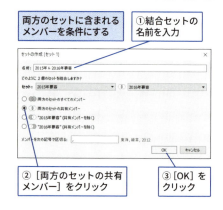

②[両方のセットの共有メンバー]をクリック　③[OK]をクリック

❸ 結合セットを使ってビジュアライズする

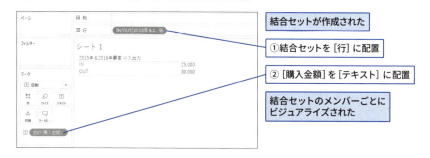

結合セットが作成された

①結合セットを[行]に配置

②[購入金額]を[テキスト]に配置

結合セットのメンバーごとにビジュアライズされた

計算式による条件指定でメンバーを動的に変えられる

　ここまでが「静的」なセットの作成手順です。静的なセットでは、今後データソースが更新されて条件に合致する新しいデータが追加されても、自動的に既存のセットに含まれることはありません。セットを再定義する必要があります。

　一方、「動的」なセットを作成することもでき、この場合は条件を計算式（新法則33～35を参照）で指定します。動的なセットでは、データソースの更新によって条件に合致するデータが加わると、それが自動的にセットのディメンションメンバーに含まれるようになります。動的なセットでも、結合セットの作成が可能です。

　次の手順では「初回購入年が2015年」という条件を計算式で表し、動的なセットとして作成しています。「顧客名」のセットを作成するために、別のディメンション「購入日」を条件として利用しているのがポイントです。

◆ 動的なセットを作成する　028.twbx

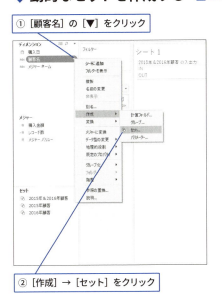

MIN(YEAR([購入日])) = 2015

　ある項目のディメンションメンバーを、ほかの項目の条件でまとめられるのがセットの魅力です。グループと上手に使い分けましょう。

関連 新法則35 合目的なデータを作るさまざまな計算式を理解する ……………… P.112

新法則
29

ビンの設定

ヒストグラムはビンの調整で
収まりのいい形に整える

Tableauでは、統計で用いられる「ヒストグラム」を簡単に作成できます。その形のわかりやすさを決める「ビン」について知っておきましょう。

第2章
ディメンションとメジャーの整形

■ ヒストグラムにおける区間を決定する重要な設定

「ビン」とは、多くの人にとって聞き慣れない言葉でしょう。しかし、ビジュアライズの手法として重要な「ヒストグラム」を作成するときに、どうしても必要になります。

ヒストグラムは「度数分布図」ともいい、縦軸に度数、横軸に区間をとった統計グラフの1つです。一見すると棒グラフに似ていますが、ヒストグラムは単に数量を表したものではなく、データの分布状況を表すという点で異なります。

例えば、期間を1年間として、日別セッション数のヒストグラムを作成するとします。日別セッション数はある日は125、別の日は218などと変動しますが、仮に「101セッションから200セッションまで」「201セッションから300セッションまで」のように一定の区間を設定すれば、365日がいずれかの区間に属し、その分布を描けるようになります。この区間のことを「ビン」、または「階級」と呼びます。

Tableauでヒストグラムを作成すると、ビンが自動的にディメンションとして追加され、その設定によってヒストグラムの表現が変化します。ヒストグラムの作成方法は新法則52で紹介するので、ここではディメンションとしてのビンについて解説します。

■ ビンのサイズを調整して収まりのよいヒストグラムに

次のページのようにビンの編集画面を表示すると、[ビンのサイズ]を調整できます。これは「階級の幅」(級幅)を表し、「101セッションから200セッションまで」といったヒストグラムの区間を決める設定項目です。

最初はTableauが自動的に設定しますが、ヒストグラムのわかりやすさは階級の幅の適切さで決まります。いったん作成したヒストグラムをそのまま使うのではなく、ビンのサイズを調整し、より収まりがいい形を探してみましょう。

手順に登場する例では、ビンのサイズを最初の「20.9」から「40」に調整しています。調整後のほうがノイズとなる凹凸が吸収され、データが示す事象をより感じ取りやすいヒストグラムになっていると思います。

◆ビンのサイズを調整する　029.twbx

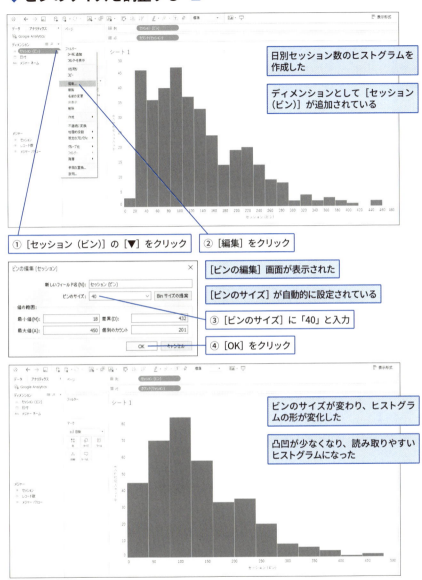

日別セッション数のヒストグラムを作成した

ディメンションとして［セッション（ビン）］が追加されている

①［セッション（ビン）］の［▼］をクリック

②［編集］をクリック

［ビンの編集］画面が表示された

［ビンのサイズ］が自動的に設定されている

③［ビンのサイズ］に「40」と入力

④［OK］をクリック

ビンのサイズが変わり、ヒストグラムの形が変化した

凸凹が少なくなり、読み取りやすいヒストグラムになった

ビンのサイズを決めるうえで、万能な基準はありません。試行錯誤して収まりがいいと感じるサイズを探してみましょう。

関連　新法則52 日別セッション数の分布はヒストグラムで表現する………………P.152

新法則 30

ビューに対するフィルターの適用

注目させたいデータはフィルターで絞り込む

数あるデータのうち「どの部分に注目してもらうか」は、レポートを作るうえで非常に大切です。それを実現する「フィルター」を理解しましょう。

■ ディメンションやメジャーを条件で絞り込める

「フィルター」とは、ビューの内容を指定した条件に合致するデータだけに絞り込む機能です。Tableauでもっとも頻繁に使う重要な機能の1つで、マーケターの以下のようなニーズは、すべてフィルターによって実現できます。

- メディアから「organic」のトラフィックだけを可視化したい
- インプレッションが「100」を下回るキャンペーンは非表示にしたい
- 1年分のデータソースから「直近4週間分」のデータを抽出したい

次の手順では、ディメンション「ユーザータイプ」、メジャー「セッション」、そして「日付」によるフィルターの適用方法を解説します。

◆ディメンションにフィルターを適用する　030.twbx

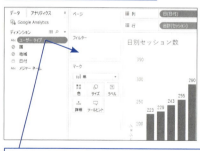

日別セッションの棒グラフを作成した

① [ユーザータイプ] を [フィルター] にドラッグ

[フィルター] 画面が表示された

② [New Visitor] にチェックマークを付ける

③ [OK] をクリック

New Visitorのセッションだけに絞り込まれる

◆ メジャーにフィルターを適用する  030.twbx

①［セッション］を［フィルター］にドラッグ

［フィールドのフィルター］画面が表示された

②［合計］をクリック　③［次へ］をクリック

［フィルター］画面が表示された

④［値の範囲］をクリック　⑤下限と上限を指定

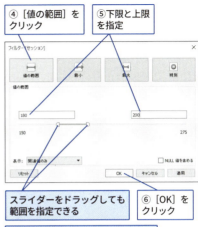

⑥［OK］をクリック

スライダーをドラッグしても範囲を指定できる

指定したセッションの範囲内だけに絞り込まれる

◆ 日付にフィルターを適用する 030.twbx

①［日付］を［フィルター］にドラッグ

［フィールドのフィルター］画面が表示された

②［日付の範囲］をクリック　③［次へ］をクリック

［フィルター］画面が表示された

④［日付の範囲］をクリック　⑤開始日と終了日を指定

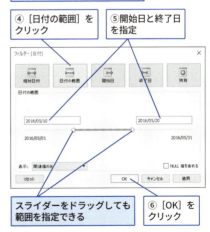

⑥［OK］をクリック

スライダーをドラッグしても範囲を指定できる

指定した日付の範囲内だけに絞り込まれる

次のページへ

■ フィルターをビューに表示して閲覧者に知らせる

　ここまでの手順で「ユーザータイプがNew Visitor」「セッションが180以上200以下」「日付が2016年5月10日〜5月20日」という3つのフィルターを適用しましたが、そのままでは1つ問題があります。ビューの作成者であるマーケター（Tableau Desktopユーザー）しか、それらのフィルターで絞り込まれていることがわからないのです。

　作成したビュー（ワークシート）はTableau ReaderやTableau Server、Tableau Onlineを通じて、上長や同僚、社内の関係者に共有することになります（新法則70を参照）。しかし、フィルターが適用されていることがわからず、解除することもできない状態では、閲覧者に対して不親切です。

　マーケターはワークシートのタイトルなどでフィルターの状態を明示するか、次の手順のように適用しているフィルターをビューに表示しましょう。ビューに表示すると、閲覧者がフィルターの範囲を変更したり、解除したりできるようになります。

◆ ビューにフィルターを表示する　📄 030.twbx

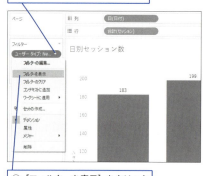
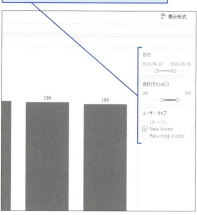

ユーザータイプ、セッション、日付でフィルターが適用されている

ビューの右側にフィルターが表示された

① ［フィルター］にある［ユーザータイプ］の［▼］をクリック

② ［フィルターを表示］をクリック

③ 同様に［セッション］［日付］のフィルターを表示

スライダーやチェックボックスでフィルターを操作できる

■ オプションを設定しておけばプレゼンでも役立つ

　ビューにフィルターを表示する段階になると、そのワークシートは完成形に近い状態になってきます。社内の関係者に共有したり、自分がプレゼンに使ったりすることを考えたときに、さらに気の利いた機能として役立ってくるのがフィルターのオプションです。主な活用例として、次のページの2つを覚えておきましょう。

フィルターをほかのワークシートにも適用する

　標準では、フィルターを最初に適用したビューだけがフィルターの適用範囲になりますが、ほかのワークシートにあるビューにも連動して適用されるように変更できます。つまり、1回の操作で複数のビューでのフィルターの適用・解除が可能です。

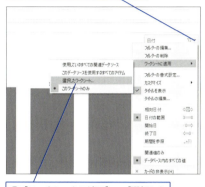

①ビューに表示したフィルターの［▼］をクリック

［ワークシートにフィルターを適用］画面が表示された

②［ワークシートに適用］→［選択したワークシート］をクリック

③ほかのワークシートにチェックマークを付ける

④［OK］をクリック

上位の階層のフィルターで選択した項目と連動させる

　Googleアナリティクスの「国」「地域」のように、階層構造にできるディメンションがあります（新法則21を参照）。例えば「国」フィルターで［United States］に絞り込むと、通常は下位の「地域」フィルターに［Tokyo］など米国以外の地域も表示されてしまいますが、次のように設定すると米国の地域（州）だけが表示されます。

階層構造を持つディメンションでフィルターを適用しておく

①ビューに表示したフィルターの［▼］をクリック

②［関連値のみ］をクリック

ビューへの興味が日本に集中する場合もあれば、米国に集中する場合もあります。その両方に対応できるように、フィルターの状態を工夫しましょう。

新法則 31

フィルターのオプションとコンテキストフィルター

意図どおりにデータを見せる高度なフィルターを理解する

見せたいデータを効率的に取り出したり、意図どおりのビジュアライズを実現したりするには、ここで解説するフィルターの高度な活用が必要になってきます。

■ URLの一部を指定してランディングページを抽出

　フィルターを使う機会が多いディメンションの1つに、Googleアナリティクスの「ページ」や「ランディングページ」があります。これらにはサイト内のページと同じ数にあたる多数のディメンションメンバーが含まれるため、意味のあるビジュアライズには何らかの絞り込みが必要です。ここではフィルター適用時のオプションを活用した、筆者もよく使う3つのテクニックを紹介します。

　1つ目は、URLに含まれる文字列を指定したフィルターです。例えば、ランディングページを「bag」ディレクトリの配下だけに絞り込みたいとき、メンバーの一覧、つまりページ1つ1つのURLにチェックマークを付けていくのは現実的ではありません。「URLに"bag"が含まれる」というワイルドカードで指定しましょう。

　マッチタイプとして、指定した文字列がURLのどこかに含まれればいい場合は［部分一致］を選択します。URLの開始部分を指定する場合は［前方一致］、終了部分を指定する場合は［後方一致］が適当です。

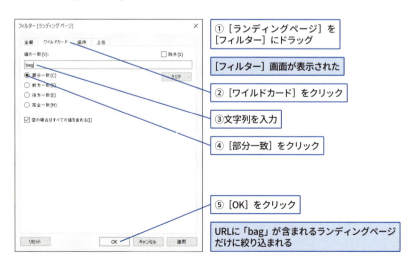

①［ランディングページ］を［フィルター］にドラッグ

［フィルター］画面が表示された

②［ワイルドカード］をクリック

③文字列を入力

④［部分一致］をクリック

⑤［OK］をクリック

URLに「bag」が含まれるランディングページだけに絞り込まれる

■ セッション数が指定した値を下回るページを除外

2つ目は、ほかのディメンションやメジャーを条件に、値の範囲を指定するフィルターです。セッション数やページビュー数が少ない（一定数に満たない）ランディングページの重要性は低いと判断し、ビジュアライズから除外したいケースはよくありますが、そうしたケースで有効です。

次の手順にある［フィールドごと］では、現在のワークシートで利用できるディメンションやメジャーを条件に、ランディングページを絞り込む設定が可能です。ここで［セッション］を選択すれば、セッション数を基準にランディングページを抽出できます。

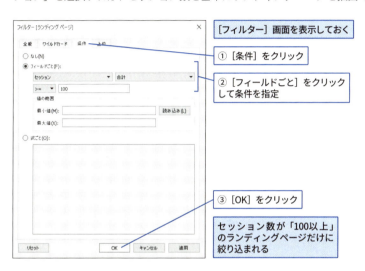

■ ページビュー数が上位10件のページのみに絞り込む

3つ目は、ほかのディメンションやメジャーを条件にしつつ、その上位○件のみを抽出するフィルターです。「前月のページビュー数トップ10」といった、定例レポートでよく利用されるビジュアライズに欠かせない設定です。

このフィルターでは抽出されるメンバー数が固定されるため、作成したワークシートをダッシュボード（第4章で解説）に加えたときに、表示が乱雑になる心配がないというメリットもあります。手順は次のページにあるとおりで、［条件］の場合とほぼ同じです。上位だけでなく、下位○件で抽出することもできます。

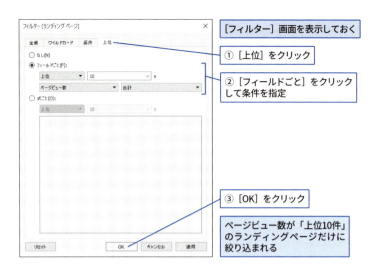

フィルターの適用順序は「コンテキストフィルター」で調整

別の高度なフィルターとして、「コンテキストフィルター」もマスターしておきましょう。これは通常のフィルターよりもデータ処理上「先に」適用されるフィルターで、複数のフィルターを同時に適用しているときに必要になる場合があります。

次のページの手順にある1つ目の画面は、国別・メディア別のセッション数を棒グラフで表したものです。このビューに対して、メディアは「セッション数の上位3件」、国は「カナダ」のみ、というフィルターを適用します。この意図は「カナダのみに限定したセッション数が上位3件のメディア」を得ることにありますが、通常の方法でフィルターを適用すると、2つ目の画面のように「organic」「(none)」「cpc」が残ります。

この結果が正しいかどうか、もう一度、1つ目の画面を見てください。単純な例なので目視でわかりますが、カナダのみに限定したセッション数が上位3件のメディアは、正しくは「organic」「referral」「(none)」です。なぜ間違った結果が返されるのか？ それはメディアを「セッション数の上位3件」に絞り込むフィルターが、カナダだけではなく米国も含めたデータ全体に対して適用されているためです。

データ全体で考えると、セッション数の上位3件は「organic」が3,000、「(none)」が1,700、「cpc」が1,700となります。この3件に対して「カナダ」のみというフィルターが適用されるため、2つ目の画面のような結果になるわけです。

当初の意図どおりの結果を得るには、国へのフィルターが、メディアへのフィルターよりも先に適用されている必要があります。原因がわかれば解決は簡単で、国へのフィルターをコンテキストフィルターとして設定すれば、3つ目の画面のように意図どおりのビジュアライズが完成します。

◆ コンテキストフィルターを設定する 📄 031.twbx

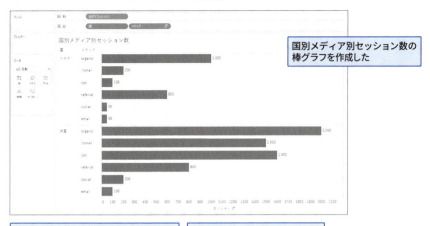

国別メディア別セッション数の棒グラフを作成した

［メディア］［国］でフィルターを適用した　　意図どおりに絞り込まれていない

① ［フィルター］にある［国］の［▼］をクリック

② ［コンテキストに追加］をクリック　　［国］のフィルターが［メディア］より優先され、意図どおりの結果になった

狙ったデータを正確に取り出せるよう、さまざまなフィルターのバリエションをマスターしましょう。

関連　新法則30 注目させたいデータはフィルターで絞り込む ……………………………… P.92

新法則

32

連続と不連続による表示の変化

データの見え方を左右する 連続と不連続を理解する

ビジュアライズをグラフで表したいか、集計表で表したいかで、ディメンションと メジャーの設定変更が必要になります。「連続」と「不連続」の違いを知りましょう。

■ 時系列データなどの表現方法が変化

ビューにおいてディメンションとメジャーを取り扱うときの概念として、「連続」と「不連続」があります。実践面においては、主に「日付」のような時系列データを扱うときに意識すべきものです。

次のページにある2つの画面は、いずれも日別セッション数をユーザータイプ別・デバイスカテゴリ別で表していますが、一方は折れ線グラフ、もう一方はクロス集計表と、まったく見え方が違います。グラフの「日付」は連続、集計表は不連続です。

連続と不連続について、Tableauの公式ヘルプでは次のように説明されています。

「連続と不連続は数学用語です。連続とは"中断されることなく、つながった全体を形成する"、不連続は"それぞれが別々かつ個別であること"を意味します。」

つまり、連続の場合は日付がつながった全体（7月1日〜31日）を形成している、不連続の場合は日付のそれぞれが別々かつ個別（7月1日、7月2日、……、7月31日）である、と理解できますが、なかなか難しい概念です。連続と不連続がどのような違いをもたらすのか、ポイントを絞って解説します。

■ ディメンションは不連続、メジャーは連続が基本

多くのディメンションは、標準では不連続として扱われます。例えば、代表的な不連続のディメンションである「デバイスカテゴリ」は、「desktop」「mobile」「tablet」というメンバーのそれぞれが別々かつ別個です。また、このようにメンバーが文字列で表されるディメンションは、連続に切り替えることはできません。

ディメンションの中でも「日付」、または数値で表される「セッションの数」などは、連続が標準となります。メジャーはすべて、連続が標準です。連続で扱えるディメンションとメジャーは、不連続に切り替えることもできます。

第2章

ディメンションとメジャーの整形

100 できる

連続は分割されないが、不連続は分割される

「日付」を連続として扱っている場合、7月1日～31日は1つのまとまりであり、分割されません。以下の折れ線グラフは「ユーザータイプ」で分割されていますが、「7月1日～31日」というまとまりは、1本ずつの線として保たれています。

一方、不連続として扱っている場合、7月1日、7月2日、……、7月31日といった各日付が、分割された個別のディメンションメンバーのように扱われます。集計表は日付が1つ1つの行で分割されており、ドラッグして入れ替えることもできます。

この特徴は、フィルターを適用してビューに表示したときにも表現されます。連続の場合は選択肢が分割されないスライダーになり、不連続の場合は分割された選択肢であるチェックボックスになります。

◆ 連続・不連続による見え方の違い　032.twbx

● 「日付」が連続の折れ線グラフ

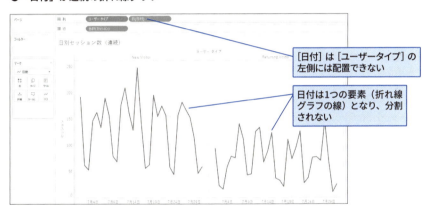

● 「日付」が不連続のクロス集計表

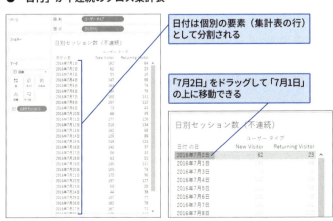

次のページへ

連続は軸を作成し、不連続はヘッダーを作成する

　以下の2つの画面のうち、左側はメジャー「セッション」を連続のまま［列］シェルフに配置したビューです。横方向に軸が作成されています。軸は最小と最大の間の値を示す計測線であり、グラフを描くもとになります。

　一方、右側は不連続のディメンション「デバイスカテゴリ」を［列］シェルフに配置したビューです。「desktop」「mobile」「tablet」でヘッダーが作成されています。ヘッダーはそのまま、集計表のヘッダー（見出しとなる行や列）になります。

連続の「セッション」は軸となり、グラフのもとになる

不連続の「デバイスカテゴリ」はヘッダー（見出し）となる

連続・不連続の状態は色で見分けられる

　連続と不連続のポイントを理解したところで、実際に切り替えてみましょう。次のページの上にある手順では、［列］シェルフに配置した「日付」を連続から不連続に切り替えています。切り替えただけではあまり変化がありませんが、同じく［列］シェルフにある［ユーザータイプ］と位置を入れ替えると、1日1日が「ユーザータイプ」で分割される様子がわかると思います。

　ディメンションとメジャーが連続か不連続かは、［データ］ペインの各項目の左側にあるアイコンの色、または［行］［列］シェルフ、［フィルター］［マーク］カードなどに配置したあとの「ピル」の色で見分けられます。緑色なら連続、青色なら不連続です。

　連続と不連続の扱いに慣れてくると、［行］［列］シェルフに配置するたびにメニューから切り替えるのが面倒に感じることがあります。特に「日付」の場合、月や日といった日付レベル（日の粒度）を切り替え、さらに連続と不連続を切り替えるという2回のメニュー操作が必要です。次のページの下にある手順なら、シェルフへの配置と日付レベル、連続・不連続の設定を同時にできるので、覚えておきましょう。

◆ 連続と不連続を切り替える 📄 032.twbx

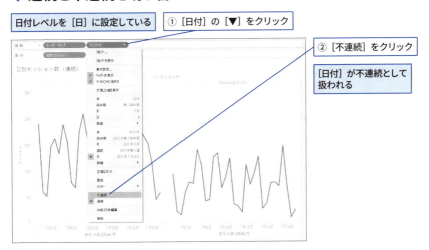

◆ 日付レベルと連続・不連続を同時に設定する 📄 032.twbx

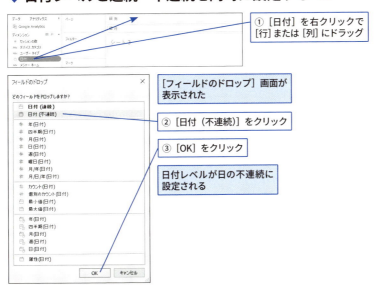

連続と不連続は「どのようにデータを表現したいか？」に応じて切り替える設定です。完成形をイメージしつつ選択しましょう。

関連	新法則37 日別セッション数の推移でグラフの基本を理解する ………………………… P.121
	新法則38 リスティング広告の主要指標で集計表の基本を理解する ………………… P.124

計算フィールドの作成

新法則 33
直帰率やコンバージョン率は計算式で正確な値を求める

除算で求められる指標は、元データの値をそのままTableauのメジャーとして使うと問題が起こります。「計算フィールド」で解決しましょう。

■「○○率」「○○単価」の値はそのままでは使えない

　Tableauでのビジュアライズにおいて、データソースにあるデータをそのままでは利用できない指標があります。Webマーケティングにおける代表例が「直帰率」です。

　まず理由を説明しましょう。下にある2つの画面のうち、Excelファイルをデータソースとします。直帰率は「直帰数÷セッション数」、つまり除算（割り算）の数式で求めています。Tableauから接続後、Excelファイルにある「直帰率」をメジャーとしてそのまま使って7月1日の直帰率を表してみると、「1.100」と100%を超えてしまいました。これはorganicとcpcの直帰率を単純に合計しており、誤った値です。

　新法則25で解説した手順で、メジャーの集計方法を［合計］ではなく［平均］に切り替えたらうまくいきそうですが、これも誤った値になります。organicとcpcの直帰率を単純に足して2で割る、つまり「（0.5＋0.6）÷2＝0.5500」という計算をしてしまいます。

◆ 誤った直帰率が求められてしまう例　　033.xlsx/033.twbx

Excelファイルでは「E2=D2/C2」といった数式で正しく直帰率を求めているが、Tableauでは再計算が行われず、単純に合計した値になっている。

計算式による新しいメジャーで正しい結果を求める

　直帰率を正確に求めるには、organicとcpcの直帰数の合計を、organicとcpcのセッション数の合計で割る、つまり「(50＋120)÷(100＋200)＝0.5667」という計算がTableauで行われる必要があります。ここで登場するのが「計算フィールド」です。

　計算フィールドとは、関数と式、取得済みのデータを用いて、新しいディメンションやメジャーを作成する機能です。次の手順のように「直帰率」を計算フィールドとして作成してみましょう。難しく思えるかもしれませんが、直帰率で使う関数はExcelでおなじみのSUM関数のみで、四則演算の記号もExcelと同じです。

　こうして作成した計算フィールド「直帰率」は、新しいメジャーとして［データ］ペインに追加されます。Tableauで都度「直帰数（の合計）÷セッション数（の合計）」という計算が行われるため、正確な値でのビジュアライズが可能になります。Googleアナリティクスに接続するときも、「直帰数」と「セッション」を取得し、同様に計算フィールドで「直帰率」を作成しましょう。

◆計算フィールドで「直帰率」を作成する　033.twbx

1 関数を入力する

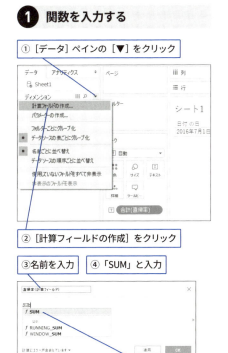

2 計算式を入力する

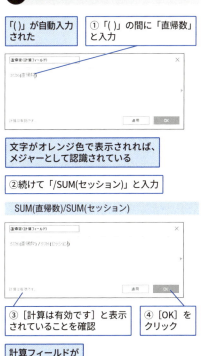

次のページへ

■「コンバージョン率」や「CTR」も計算フィールドとして扱う

　代表例として直帰率を取り上げましたが、計算フィールドの作成を必要とするWebマーケティングの指標は、下の画面と計算式、表も参照してください。特に「コンバージョン率」は直帰率と並んでよく使います。

　また、リスティング広告やGoogle Search Consoleの「平均掲載順位」に「表示回数」を加味して重み付けをした「加重平均掲載順位」と呼べる指標も、筆者はよく使います。以降の新法則で登場するので、計算式を覚えておいてください。

●コンバージョン率

SUM([目標1完了])/SUM([セッション])

Webサイトにおける目標の達成に至った割合。CVR（Conversion Rate）とも呼ぶ。「コンバージョン数÷セッション数」で求めるが、Googleアナリティクスでコンバージョン数を表す指標は「目標1完了」などの名前になる。

●加重平均掲載順位

SUM([平均掲載順位]*[表示回数])/SUM([表示回数])

「平均掲載順位」は除算の指標だが、平均になる前の「掲載順位」は取得できない。そのため表示回数（インプレッション数）を加味し、表示回数が多いものほど重要度を高くする計算をすることで、実際に近い掲載順位を得る。

◆計算フィールドの作成が必要になる主な指標

指標	計算方法	説明
新規セッション率	SUM([新規ユーザー])/SUM([セッション])	サイト内のページへの新規訪問（過去2年以上アクセスのないユーザーからの訪問）の割合。
CTR	SUM([クリック数])/SUM([表示回数])	クリック率（Click Through Rate）の略。表示された広告がクリックされた割合。
CPC	SUM([費用])/SUM([クリック数])	クリック単価（Cost Per Click）の略。広告1クリックあたりのコスト。
CPA	SUM([費用])/SUM([コンバージョン数])	獲得単価（Cost Per Acquisition）の略。コンバージョン1件あたりのコスト。
ROAS	SUM([収益])/SUM([費用])	広告費用対効果（Return On Ad Spent）の略。費用に対する収益（売り上げ）の%を表す。

割合や単価を表す指標は、データソースの値をそのまま使ってはいけません。必ず計算フィールドで作成しましょう。

関連 新法則35 合目的なデータを作るさまざまな計算式を理解する ………… P.112

新法則 34

計算フィールドによるディメンションの整形とグルーピング

ビジュアライズの障害となる不整形なデータに対処する

既存データの整形やグルーピングにも、計算フィールドが役立ちます。思いどおりに可視化できないときは、ここで紹介するテクニックを試しましょう。

地図にできないGoogleアナリティクスの「地域」を整形

　Googleアナリティクスに接続してディメンション「地域」を取得すると、日本の都道府県がメンバーに入ります。当然、これを使えば都道府県別のセッション数などを地図上にマッピングできると思いますが、一筋縄ではいきません。下の画面は「地域」と「セッション」で色塗りマップを作成し（新法則48を参照）、ディメンション「国」を「Japan」に限定したフィルターを適用していますが、北海道と東京にしか色が付いていません。

　この原因は、Googleアナリティクスの「地域」のメンバーが「Hokkaido」と「Tokyo」を除いて「Aomori Prefecture」のように「Prefecture」が付与された文字列となっており、Tableauにおける地理的役割が正しく設定されないためです。

　そこで、「地域」のメンバーの文字列から「Prefecture」を取り除く計算フィールドを次のページを参考に作成し、それを新しいディメンションとして使います。作成したディメンションには、地理的役割の「都道府県/州」を設定しておきましょう（新法則22を参照）。すると、正しく都道府県別でビジュアライズできるようになります。

ディメンション［地域］をそのまま配置している

北海道と東京しか色分けされていない

次のページへ

◆ 計算フィールドで「地域」を整形する　034.twbx

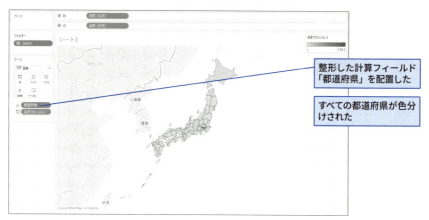

整形した計算フィールド「都道府県」を配置した

すべての都道府県が色分けされた

●都道府県

```
IF CONTAINS([地域], "Prefecture") = TRUE
THEN TRIM(REPLACE([地域], "Prefecture", ""))
ELSE [地域]
END
```

「Prefecture」が含まれるなら削除（空白の文字列に置換）、含まれないならそのまま、という意味の計算式。

計算フィールドでフィルターを不要にすることもできる

　Googleアナリティクスの指標を日本地図だけでビジュアライズしたい場合、通常はディメンションとして「地域」だけでなく「国」も必要になります。ビューに対するフィルターを適用し、「国が"Japan"である」という条件で絞り込むためです。

　しかし、以下のような計算フィールドを作成すると「国」を不要にでき、Googleアナリティクスに接続するときのディメンションを1つ節約できます。「地域」のメンバーのうち、日本の都道府県には「Hokkaido、Tokyo、もしくは"Prefecture"を含む文字列」という共通点があることを利用し、それ以外を除外する（NULLに変換する）ことで日本だけに絞り込んでいます。

●都道府県（日本のみ）

```
IF REGEXP_MATCH([地域], "Tokyo|Hokkaido|Prefecture") = FALSE
THEN NULL
ELSEIF CONTAINS( [地域], "Prefecture") = TRUE
THEN TRIM(REPLACE([地域], "Prefecture", ""))
ELSE [地域]
END
```

1～2行目の「Tokyo」「Hokkaido」「Prefecture」のいずれかを含まないならNULLにする、という計算式で「国」をJapanに絞り込むフィルターと同じことを実現している。

独自の日付形式を整形して正しく認識させる

社内のさまざまな部署にあるExcelファイルを集めてくると、「20160101」「2016-1-1」「2016-01」といった独自の形式で日付を表現しているデータを見つけることがあります。このままではTableauが日付データとして認識できません。

そのような場合は、独自の日付形式のデータをもとにした計算フィールドで、Tableauの日付データとなるように整形します。ここで登場するDATEPARSE関数は文字列に対して機能するので、元データのデータ型は［文字列］に変更しておきます。

①独自の日付形式のデータの［▼］をクリック
②［データ型の変更］→［文字列］をクリック
データ型が文字列に変更される

●年月日（整形後）

DATEPARSE ("yyyyMMdd", [年月日])

メジャー「年月日」の値は「20160101」という独自の日付形式になっている。このデータ型を［文字列］にしたうえで計算フィールドを作成する。DATEPARSE関数の引数「yyyyMMdd」のうち、月を表す「MM」は大文字にする（「mm」は分と解釈される）。元の形式が「2016-01」の場合は、引数を「yyyy-MM」にする。

URLからクエリパラメーターを除外してページをまとめる

Googleアナリティクスの「ページ」や「ランディングページ」では、URLが1文字でも異なれば別のディメンションメンバーとして集計されます。そのため、余計なクエリパラメーターが付いているがために、本来は1つのメンバーとして評価したいページが分割されることがあります。計算フィールドを使えば、それらのURLからクエリパラメーターを除外し、正規化したURLでページを統合できます。

●クエリパラメーター除外LP

```
IF CONTAINS([ランディングページ], "?") = TRUE
THEN LEFT([ランディングページ], FIND([ランディングページ], "?")-1)
ELSE [ランディングページ]
END
```

「ランディングページ」（LP）のメンバーの文字列に「?」が含まれる場合、「?」より左側の文字列だけを取り出す計算式。結果的にクエリパラメーターが除外されたURLになる。

次のページへ

キャンペーンと広告グループの連結で評価軸を再構成する

　リスティング広告の分析において、キャンペーン別、広告グループ別での評価は簡単にできますが、キャンペーンと広告グループをまたいで評価するのは難しい、という現状があります。例えば、リスティング広告の管理画面では次のような問いに答えられません。

・女性用ブランドでは、品質訴求と価格訴求の広告グループでどのような差があるか？
・女性用ブランドのバリエーション訴求と、男性用ブランドのそれを比較するとどうか？

　しかし、以下の画面のようなデータをリスティング広告の管理画面から入手し、Tableauで計算フィールドを作成すれば、評価する軸を柔軟に再構成できます。計算フィールド「キャンペーン＋広告グループ」でキャンペーンと広告グループを連結したディメンションを作成し、それをもとに、さらに計算フィールド「性別・訴求グループ」を作成すれば、前述のような問いの回答をTableauから得られます。

	A	B	C	D	E	F	G	H
1	キャンペーン	広告グループ	表示回数	クリック数	費用	コンバージョン数	平均掲載順位	
2	女性用ブランドA	ジャケット（品質訴求）	31,444	1,734	¥63,510	1	2	
3	女性用ブランドA	ジャケット（価格訴求）	8,868	231	¥6,455	1	3.8	
4	女性用ブランドA	ジャケット（バリエーション訴求）	32,193	2,138	¥61,911	5	2.2	
5	女性用ブランドB	ジャケット（品質訴求）	11,661	626	¥17,779	4	3.3	
6	女性用ブランドB	ジャケット（価格訴求）	14,604	102	¥33,403	1	6.6	
7	女性用ブランドB	ジャケット（バリエーション訴求）	8,217	477	¥18,751	1	2.2	
8	男性用ブランドC	ジャケット（品質訴求）	10,450	247	¥6,665	1	3.9	
9	男性用ブランドC	ジャケット（価格訴求）	5,718	351	¥18,624	18	1.8	
10	男性用ブランドC	ジャケット（バリエーション訴求）	10,918	70	¥24,041	2	6.5	
11	男性用ブランドD	ジャケット（品質訴求）	19,847	1,439	¥52,724	1	1.5	
12	男性用ブランドD	ジャケット（価格訴求）	1,372	98	¥6,279	0	1.4	
13	男性用ブランドD	ジャケット（バリエーション訴求）	147,555	712	¥41,937	0	3.9	
14								

「キャンペーン＋広告グループ」でディメンションを連結し、それらに含まれる文字列をREGEXP_MATCH関数による正規表現で指定して「性別・訴求グループ」を作成する。

●キャンペーン＋広告グループ

```
[キャンペーン] + " / " + [広告グループ]
```

●性別・訴求グループ

```
IF REGEXP_MATCH([キャンペーン＋広告グループ], "女性用.+価格") = TRUE
THEN "女性用価格"
ELSEIF REGEXP_MATCH([キャンペーン＋広告グループ], "女性用.+品質") = TRUE
THEN "女性用品質"
ELSEIF REGEXP_MATCH([キャンペーン＋広告グループ], "女性用.+バリエーション") = TRUE
THEN "女性用バリエーション"
ELSEIF REGEXP_MATCH([キャンペーン＋広告グループ], "男性用.+価格") = TRUE
THEN "男性用価格"
ELSEIF REGEXP_MATCH([キャンペーン＋広告グループ], "男性用.+品質") = TRUE
THEN "男性用品質"
ELSEIF REGEXP_MATCH([キャンペーン＋広告グループ], "男性用.+バリエーション") = TRUE
THEN "男性用バリエーション"
END
```

正規表現を利用して検索キーワードをグルーピング

　Google Search Consoleを利用すると、検索キーワード（クエリ）ごとの表示回数、クリック数、クリック率などを取得できます。しかし、単体としてのクエリだけを見ていても、今後のコンテンツ制作でどのようなキーワードを狙うか、といったアクションにつなげることは難しいでしょう。

　そうしたとき、クエリをグルーピングしていくと実施すべきアクションの方向性が見えてくるのですが、Google Search Consoleの管理画面にそのような機能はありません。Tableauの計算フィールドを使ってグルーピングしましょう。

　以下はGoogle Search Consoleのデータを保管しているGoogle BigQueryに接続している例ですが、元データには大量のクエリが存在します。これを正規表現を使った計算フィールドでグルーピングすると、表示回数が多いクエリの傾向をすぐに把握できます。

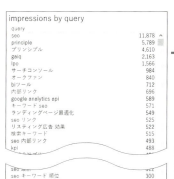

ディメンション「query」に含まれる文字列を、計算フィールド「query_group」に入力したREGEXP_MATCH関数による正規表現でグルーピング。個別の検索クエリのままでは粒度が細かすぎて、分析に適さない場合に有効なテクニックとなる。

● **query_group**

```
IF REGEXP_MATCH([query], "ぶりん|プリン|prin|purin|楠山|木田") = TRUE THEN "ブランドワード"
ELSEIF REGEXP_MATCH([query], "SEO|seo|amp|accelerated|サーチコンソール|GSC|gsc") = TRUE THEN "SEO"
ELSEIF REGEXP_MATCH([query], "GAIQ|gaiq") = TRUE THEN "GAIQ"
ELSEIF REGEXP_MATCH([query], "アナリティクス|GA|ga|(A|a)nalytics") = TRUE THEN "GA"
ELSEIF REGEXP_MATCH([query], "検索|リスティング|キーワード|(A|a)dwords|アドワーズ|リマーケ|(Y|y)ahoo") = TRUE THEN "リスティング広告"
ELSEIF REGEXP_MATCH([query], "AB|A/B|ab|a/b|テスト|test|LPO|lpo|ランディング") = TRUE THEN "A/Bテスト"
ELSEIF REGEXP_MATCH([query], "タブロー |たぶろー |(T|t)ableau|BI|bi") = TRUE THEN "Tableau"
ELSE "その他"
END
```

いずれも高度なテクニックですが、計算式はほぼそのまま流用できます。みなさんのビジュアライズでも活用してみてください。

関連 新法則99 検索からのCV改善にはLPで結合したデータを使う……………………… P.262

新法則 35

計算フィールドの応用

合目的なデータを作る さまざまな計算式を理解する

計算フィールドの応用例と、独自に計算式を作成するためのヒントを紹介します。
ここまでマスターすれば、Tableauでのデータの扱いに不安はないでしょう。

■ データの抜けを「0」として扱う

　人間が作成したデータには、往々にして抜けがあるものです。そうした抜けは、Tableauでの標準の扱いとしては「データなし」（NULL）となり、計算の対象になりません。下のExcelファイルでは6月4日の来場者数が空欄となっていますが、このファイルに接続し、メジャー「来店者数」の集計方法を［平均］にして値を確認すると「100」となります。つまり、NULLの行が無視されて「400÷4」が計算されています。

　そうではなく、6月4日の来店者数は「0」として扱いたい場合、ZN関数を使った計算フィールドを作成します。この計算フィールドではNULLが「0」として扱われるため、来店者数の平均は「400÷5」として計算されます。どちらのほうが適切、というわけではないので、ビジュアライズの意図に応じて使い分けてください。

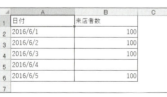

📄 035.xlsx

データの抜けがあるExcelファイル。セルB5はTableauではNULLと扱われ、「来店者数」の平均の計算上は無視される。

📄 035.twbx

●来店者数（NULLを0）

`ZN([来店者数])`

ZN関数の計算フィールド「来店者数（NULLを0）」を作成。「来店者数」と「来店者数（NULLを0）」の集計方法を［平均］にして集計表を作成すると、結果が異なることがわかる。

ほかのディメンションに左右されずに計算結果を求める

計算フィールドの高度な活用に「詳細レベルの式」があります。これは「LOD式」（LOD＝Level Of Detail）とも呼ばれ、合計や平均などの集計方法を、ビューに利用されているディメンションとは独立したものとして指定するための計算式です。

下に示した20行分のデータからなるExcelファイルに接続すると、「日付」「デバイスカテゴリ」「ユーザータイプ」の3つのディメンションと、メジャー「セッション」が読み込まれます。このデータをもとに日別セッション数の平均を求めるとき、正解となるのはセッション数の合計を5日で割った「4,645÷5＝929」です。

しかし、Tableauで「セッション」の集計方法を［平均］にして値を調べると、「232.3」とかけ離れた値が返ってきます。これはセッション数の合計をすべての行数で割っている、つまり「4,645÷20」で平均を求めているためです。

日別セッション数の平均を正しく求めるには、以下にある「{FIXED」から始まる計算フィールドを作成します。このFIXEDは関数のようですが正確には「スコーピングキーワード」と呼び、「ディメンション"日付"で詳細レベルを固定してセッションの合計を求める」という意味になります。つまり、他のいかなるディメンションで分割されていても、「日付」と「セッション」だけで集計された結果が返るわけです。この計算フィールドの集計方法を［平均］にしてビューに配置すれば、正しい値が表示されます。

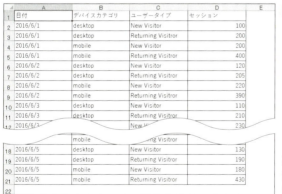

📄 035.xlsx

1つの日付が複数行に分かれたExcelファイル。そのままでは日別の平均を正確に求められない。

📄 035.twbx

●セッション（日付FIXED）

{FIXED [日付]: SUM([セッション])}

スコーピングキーワード「FIXED」のLOD式。「:」より後で集計の計算式を指定する。スコーピングキーワードにはINCLUDE、EXCLUDEもあるが、FIXEDだけ理解していれば十分。集計の関数にはSUMのほか、MIN、MAX、COUNT、COUNTDなどが利用される。

オリジナルの計算フィールドを作成するヒント

　Tableauには100種類以上の関数があり、計算式は無限に存在します。分析目的に応じて独自の計算フィールドを作成してビジュアライズに役立てられるよう、いくつかのヒントを紹介しましょう。使用頻度が高いと思われる関数は次のページの表にまとめています。

関数を一覧から入力する

　計算フィールドの作成画面では、Tableauで使える関数の一覧を参照できます。一覧にある関数名をダブルクリックして入力することも可能です。なお関数名を手入力するとき、大文字と小文字（「SUM」と「sum」）はどちらでも有効になります。

ここをクリック
関数の一覧が表示された

ディメンションやメジャーをミスなく入力する

　[データ]ペインにあるディメンションやメジャーを計算フィールドの作成画面にドラッグすると、計算式に「[セッション]」のように入力されるので、タイプミスの心配がありません。計算式でのディメンション名やメジャー名には半角の角カッコ（[ ]）を付けるのが正確な表記ですが、手入力するときには省略しても大丈夫です。

ディメンションやメジャーをドラッグ
計算式に入力される

エラーの原因を確認する

　[計算式にエラーが含まれています] というメッセージは、クリックするとエラーの原因を確認できます。これらを解消してから計算フィールドを保存しましょう。

エラーの原因を確認できる

関数を使って式を入力する難しさがありますが、計算フィールドはTableauの活用には必須のテクニックです。簡単なものから覚えてください。

関連　新法則33 直帰率やコンバージョン率は計算式で正確な値を求める……………………… P.104
　　　　新法則34 ビジュアライズの障害となる不整形なデータに対処する……………………… P.107

◆ Tableauの計算フィールドで利用する主な関数

関数	説明
数値	数値を計算する
ABS	指定された数値の絶対値を返す
MAX	引数の最大値を返す
ROUND	指定された桁数に数値を丸める
ZN	式がNULLでない場合は式を返し、NULLの場合は0を返す
文字列	文字列を整形・抽出する
CONTAINS	指定された文字列が含まれている場合にTRUEを返す
FIND	文字列の中にある指定した文字の位置を返す
LEFT	文字列の左側から指定した文字数を抜き出す
LEN	文字列の長さを返す
MID	文字列の開始位置と文字数を指定して抜き出す
REPLACE	文字列の指定した文字Aと文字Bを置き換える
TRIM	先頭と末尾の空白を削除した文字列を返す
日付	日付形式のデータを整形・抽出する
DATEADD	既存の日付に指定した年・月・日を加えた新しい日付を返す
DATEDIFF	2つの日付間の年数・月数・日数を返す
DATEPARSE	文字列を指定した書式設定の日付や時刻に変換する
MAKEDATE	指定した年、月、日から構成された日付の値を返す
YEAR	指定した日付の年だけを取り出す
型変換	データ型を変換する
INT	引数を整数に変換する
STR	引数を文字列に変換する
論理	条件分岐に基づく処理を実行する
CASE ～ WHEN ～ THEN ～ ELSE ～ END	条件に応じて指定した値を返す
IF ～ THEN ～ ELSE ～ END	条件に応じて指定した処理を実行する
ISDATE	引数を日付に変換できる場合にTRUEを返す
集計	複数のデータを対象に計算する
AVG	式内のすべての値の平均を返す
COUNT	グループ内のアイテムの数を返す
SUM	式内のすべての値の合計を返す
表計算	Tableauで仮想的に作成された表に基づいて計算する
FIRST	表内の最初の行の値を返す
LOOKUP	表内の現在の行から指定した行数だけ前または後の値を返す
WINDOW_AVG	表内の指定範囲をウィンドウとして定義し、その中にある式の平均を返す
その他	正規表現や詳細レベルに関する処理を実行する
REGEXP_EXTRACT	正規表現のパターンと一致する文字列の一部を返す
REGEXP_MATCH	指定した文字列の一部が正規表現のパターンに一致した場合にTRUEを返す
FIXED	指定したディメンションのみを使用して集計する（スコーピングキーワード）

覚えておきたい正規表現

　正規表現とは、一定のルールを持つ文字列を条件とし、それに一致する文字列を対象としたり、特定部分を抜き出したりできる強力な表現方法です。Tableauの計算フィールドでも登場しましたが、Googleアナリティクスの目標設定などでも利用します。

　「普段は使う機会がなく、よくわからない」という人もいると思いますが、マスターすると業務効率が上がること間違いなしです。Webマーケターが覚えておきたい最低限の正規表現を下の表にまとめます。

　そして練習問題を1つ。「/prodかgoods/英数小文字2つ/detailかdetails/?=最初の1文字が英数小文字でその後3桁の数字で終わる」を、もっとも厳密に表す正規表現を記述してみてください。解答は表の下にあります。

正規表現	意味	記述例と対象（○は一致、×は不一致）
^	次の文字で始まる	**^/products/** ○ /products/　× products
$	前の文字で終わる	**/prodocuts/$** ○ /products/　× /products/detail.php
|	グループを表す（）とともに用いて「または」を表す	**/(prod|goods)/** ○ /prod/　○ /goods/　× /material/
?	直前の1文字、もしくは（）で囲んだグループがあってもなくてもいい	**/products?/** ○ /product/　○ /products/　× /prod/
.	何でもいい1文字	**/prod/.../** ○ /prod/abc　○ /prod/a12　× /prod/abcd/
[a-z]	英数小文字	**/prod/[a-z][a-z]/** ○ /prod/ab　× /prod/a1/
[0-9]	数字	**/prod/[0-9][0-9]/** ○ /prod/99　× /prod/a9/
+	直前の文字の1回以上の連続	**/prod/[a-z][a-z]+/** ○ /prod/ab　○ /prod/abc　× /prod/a/
*	直前の文字の0回以上の連続	**/prod/[a-z][a-z]*/** ○ /prod/a　○ /prod/ab　○ /prod/abc　× /prod/a1/
[^]	[]の中にある文字以外	**/prod/[^0-9]+/** ○ /prod/abc　× /prod/123/
{n}	直前の文字のn回の繰り返し	**/prod/([a-z][0-9]){2}/** ○ /prod/a8b2　× /prod/z1/　× /prod/a9c35/
\	エスケープ文字（直後の文字を正規表現ではなく、普通の文字として扱う）	**/prod\.html\?id=123** ○ /prod.html?id=123　× /prod.htm?id=123

練習問題の解答　^/(prod\|goods)/[a-z][a-z]/details?/\?=[a-z][0-9]{3}$

第 **3** 章

多彩な表現を使った
ビジュアライズ

本章から、Tableauでのビジュアライズを本格的に行っていきます。ディ
メンションとメジャーをシェルフやカードに配置し、ビューが作成され
る感覚をつかみましょう。さまざまなグラフによる表現や、色などで
分割する方法も解説します。

新法則 36

ワークシートの基本操作
ビジュアライズの土台となるワークシートを理解する

Excelと同様に、Tableauでの作業は複数のワークシートで行います。作成・複製・非表示などの操作を覚えておきましょう。

■ ビジュアライズは1つでは完結しない

　Tableauでのビジュアライズは通常、複数の「ワークシート」で実現します。データソースへの接続が完了すると、最初に「シート1」という名前の白紙のワークシートが立ち上がり、ビジュアライズを開始できる状態になります。「シート1」での表現を終えたら名前を付け、「シート2」を作成して次の表現を行う、という作業を繰り返します。

　そして最後に、複数のワークシートを組み合わせた「ダッシュボード」を作成したり、複数のワークシートやダッシュボードを所定の順序で見せる「ストーリー」を作成したりして、ワークブックを1つのプレゼンテーションのように仕上げていきます。

　ここでは、そうした一連のビジュアライズの起点となるワークシートについて、基本操作のダイジェストを紹介します。

ワークシートに名前を付ける

　ワークシートが複数作成されると、どのシートで何を表現したかがわからなくなります。必ず適切な名前を付けるようにしましょう。

新しいワークシートを作成する

　既存のワークシートの右端には3つのアイコンが並んでおり、いちばん左のアイコンから新規の真っ白なシートを作成できます。

ワークシートを複製する

いったん完成したビジュアライズをベースに、さらに別の表現を模索することがよくあります。その際はワークシートを複製し、もとのシートは残しておくといいでしょう。実践においては新規作成よりも、複製する機会のほうが多いかもしれません。

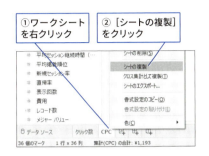
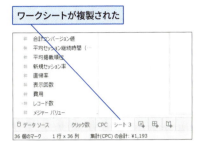

ワークシートのタブに色を付ける／移動する

ワークシートが増えてくると、シート同士をグループ化して整理したくなります。関連するシートには同じ色を付けておけば、視覚的に仲間だと認識できます。シートをドラッグして移動し、ひとまとめにしておくとさらにわかりやすくなります。

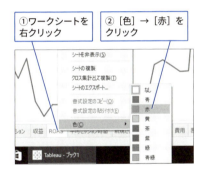
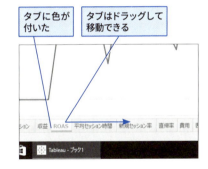

元に戻す／やり直す／ワークシートをクリアする

ビジュアライズは試行錯誤の連続ですが、Tableauで実行したほとんどのアクションは、無制限に「元に戻す」「やり直す」ことが可能です。すべてのワークシートについての操作の履歴が、Tableauを終了するまで記録されています。

また、白紙にして最初からやり直したいときは、1クリックでシートをクリアできます。

次のページへ

ワークシートを削除する

　明らかに不要になったワークシートは削除しましょう。ただし、ダッシュボードやストーリーに使われているシートは、そのままでは削除できません。ダッシュボードやストーリーから当該のシートを除外してから、シート自体の削除を実行します。

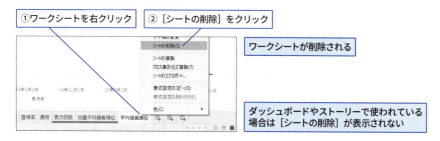

①ワークシートを右クリック
②［シートの削除］をクリック
ワークシートが削除される
ダッシュボードやストーリーで使われている場合は［シートの削除］が表示されない

ワークシートを非表示にする／再表示する

　ワークシートで表現したいことが確定し、そのシートをダッシュボードやストーリーに組み込んだあとは、シートを非表示にするといいでしょう。表示されるタブの数が減ってすっきりします。特に、ほかの人と共有するときに必ず実施しておきたい操作です。

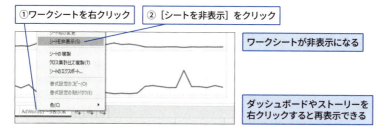

①ワークシートを右クリック
②［シートを非表示］をクリック
ワークシートが非表示になる
ダッシュボードやストーリーを右クリックすると再表示できる

ワークシートをプレビューする／表示方法を変更する

　ワークシートのタブにマウスポインターを合わせると、そのシートでのビジュアライズのサムネイルが表示されます。また、「シートソーター」や「フィルムストリップ」に表示方法を変更すると、サムネイルでの一覧性がよくなります。

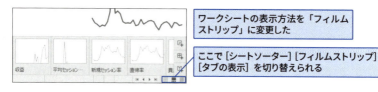

ワークシートの表示方法を「フィルムストリップ」に変更した
ここで［シートソーター］［フィルムストリップ］［タブの表示］を切り替えられる

一発で狙いどおりのビジュアライズができることは、まずありません。ワークシートを作ったり消したりして、試行錯誤していきましょう。

新法則 37

折れ線グラフの作成

日別セッション数の推移でグラフの基本を理解する

Tableauによるビジュアライズの基本形といえる「日別の指標」を表現してみましょう。ここではセッション数の推移を折れ線グラフにします。

シェルフへのドラッグと日付レベルの変更でグラフが完成

データソースに接続してワークシートを表示し、必要に応じてデータを整形したら、ビジュアライズを開始していきます。ここでは例として、日別のセッション数を折れ線グラフ（ラインチャート）で表現します。Googleアナリティクスに接続し、期間は2か月、「日付」と「セッション」を取得し、次の操作を行いましょう。

1 データを配置する　　037.twbx

2 日付レベルを変更する

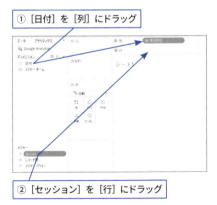

① [日付] を [列] にドラッグ
② [セッション] を [行] にドラッグ

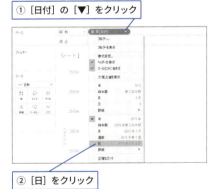

① [日付] の [▼] をクリック
② [日] をクリック

3 ビジュアライズが完了した

日付レベルが [日] に変更された
折れ線グラフを作成できた

次のページへ

第3章 多彩な表現を使ったビジュアライズ

できる | 121

値の表示、色やサイズの変更方法を覚える

　日別セッション数の折れ線グラフは、おそらく、あっけないほど簡単にビジュアライズできたと思います。基本的なグラフなら、2～3回のドラッグだけで完成してしまうのがTableauのいいところです。こうして描画されたグラフや集計表は「ビュー」と呼びますが、この基本的なビューを使って、細かい表現方法を確認していきましょう。

ツールヒントを表示する

　作成した折れ線グラフにマウスポインターを合わせると、そのポイントにおける日付とセッション数が重なって表示されます。ビューを煩雑にせずに、データの具体的な値を確認したいときに使います。

マークラベルを表示する

　ビューの各ポイント（マーク）に値を表示したいときは、「マークラベル」（単に「ラベル」ともいいます）を表示します。このビューではセッション数の値が折れ線グラフに付加されます。

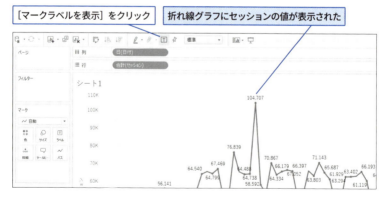

色を変更する

　マークの色を変更すると、折れ線グラフの線の色が変わります。棒グラフなら棒の色、散布図なら円や四角の色といったように、ビューによって対象が変化します。ビュー内の色は使用しているディメンションやメジャーに応じて自動的に変化するので、基本的に細かな設定は不要ですが、希望の色があれば設定しましょう。また、色以外にも透明度や効果（マーカーや枠線の有無など）の設定も行えます。

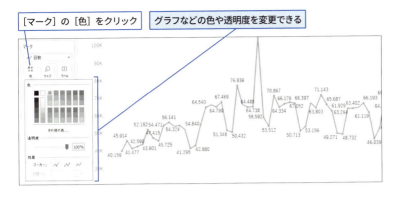

サイズを調整する

マークのサイズ、折れ線グラフなら線の太さを調整できます。同様に棒グラフなら棒の太さ、散布図なら円や四角の大きさが変化します。

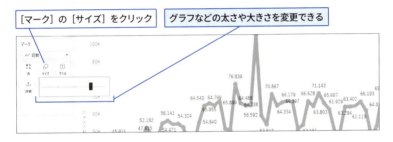

軸を入れ替える

ビューの見せ方を変えたり、ダッシュボードでの収まりをよくしたりするため、［列］と［行］のシェルフに配置したディメンションやメジャーを交換したくなるときがあります。そのような場合には「スワップ」の操作が便利です。

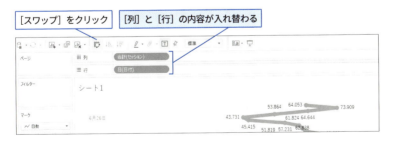

ビジュアライズは何度でもやり直しできます。いろいろなディメンションやメジャーを配置してみて、どのようなビューができるか試してみてください。

新法則 38

クロス集計表の作成

リスティング広告の主要指標で集計表の基本を理解する

ビジュアライズの基本形として、クロス集計表の作成方法を見てみましょう。Excelでよく見かける表形式のビューが完成します。

■ 多数のディメンションとメジャーを表形式で一覧できる

　Tableauではカラフルなグラフ表現が強調される機会が多いため、「Excelのような表は作成できないのですか？」と聞かれることがありますが、もちろん可能です。グラフと比較すると、集計表には以下のような特徴があります。

・1つの画面に多くの情報を盛り込める
・各メジャーの値の1桁まではっきりわかる
・トレンドや構成比などを直感的に理解するには不向き

　ここではリスティング広告の主要11指標を使って、クロス集計表を作成してみましょう。「CTR」などのメジャーは、新法則33を参考に作成しておきます。
　今回の手順では「メジャーネーム」と「メジャーバリュー」を使います。メジャーネームは複数のメジャーをまとめて扱うためのディメンションで、「各メジャーごとの〇〇」を表します。一方のメジャーバリューは各メジャーが持つ値そのもので、複数の値が固まりとして入っています。メジャーネームで分割しないと値が重なって表示されるので、「メジャーバリューはメジャーネームと一緒に利用するもの」と覚えてください。

❶ [メジャーネーム] と [メジャーバリュー] を配置する　📄 038.twbx

① [メジャーネーム] を [行] にドラッグ

② [メジャーバリュー] を [テキスト] にドラッグ

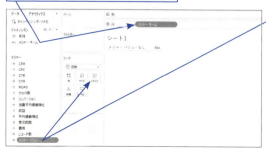

❷ 不要なメジャーを削除する

集計表を作成できた

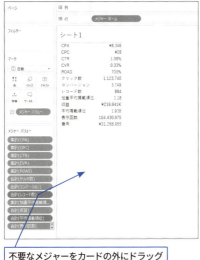

不要なメジャーをカードの外にドラッグ

❸ メジャーを並べ替える

集計表から不要なメジャーが削除された

メジャーをドラッグして並べ替え

❹ ビジュアライズが完了した

[年月]を[列]シェルフに配置

集計表が年ごとに分割された

クロス集計表を作成できた

クロス集計表は「クロスタブ」とも呼びます。可視化の基本テクニックとして、しっかり覚えておきましょう。

関連 新法則26 メジャーの値には適切や単位や形式を設定する ……………………………………… P.80
　　　 新法則33 直帰率やコンバージョン率は計算式で正確な値を求める ……………………………… P.104

新法則 39

グラフの分割

影響度の高いセグメントはグラフを分割して見つける

サイトを改善するためのアクションは、全体を部分＝セグメントに分けるところから始まります。全体にインパクトを与えているセグメントを見つけましょう。

■ 1つのグラフをディメンションで分割

　ある指標を特定のセグメントで分割し、それぞれのセグメントが全体に対してどのような影響を与えているのかを調べる。これは分析手法の王道といっていいでしょう。こうした分析をTableauで行う場合、グラフを「色」で分割します。さらに分割が必要なら、「列」で左右に、「行」で上下に分割します。

　次の手順にある例では、Googleアナリティクスに接続してディメンションとして「日付」「デバイスカテゴリ」「ユーザータイプ」、メジャーとして「ユーザー」を取得しています。日別ユーザー数の折れ線グラフを作成したところ、特定の日にスパイク（突出した増加）があります。このグラフを［色］に配置したデバイスカテゴリで分割し、さらに［列］に配置したユーザータイプで分割すると、以下のようなことがわかってきます。

- 特定の日のスパイクはmobile（手順②③の上側の線）だけで起きている
- desktop（中央の線）には週次のサイクルがあり、土日は少なくなる
- tablet（下側の線）はユーザー数の面でサイト全体へのインパクトがほとんどない
- mobileのスパイクはリピーター（Returning Visitor）において顕著である

① グラフを色で分割する　📄 039.twbx

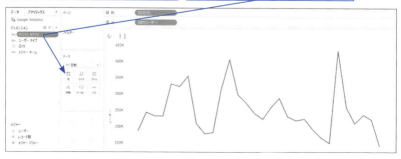

❷ グラフを列で分割する

| グラフの線が色で分割された | デバイスカテゴリ別に日別ユーザー数を確認できる |

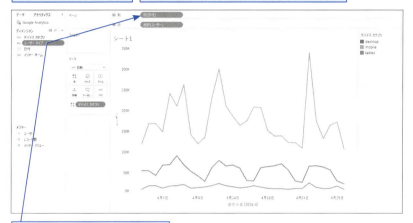

[ユーザータイプ]を[列]にドラッグ

❸ ビジュアライズが完了した

| グラフ全体が左右に分割された | デバイスカテゴリ別・ユーザータイプ別に日別ユーザー数を確認できる |

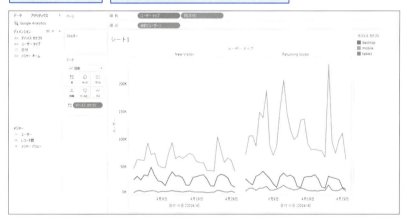

全体で起こった出来事が、どのセグメントに起因しているのか? その把握がPDCAを回す原動力となります。

関連 新法則37 日別セッション数の推移でグラフの基本を理解する ……………………………… P.121

新法則 40

二重軸と軸の同期

複数の指標の変動は二重のグラフで表現する

セッション数と直帰率など、2つの指標の推移を同時に確認したいときは、二重軸による折れ線グラフが適しています。作成方法を見てみましょう。

■ 起こっている事象を指標の関係性から読み取る

同時に複数の指標を確認することで、実際に起きていることの全体像を適切に把握できる機会は多いものです。例えば、「セッション」と「直帰率」を同時にビジュアライズすれば、「訪問は増えたがコンバージョンにはつながらない質の低いトラフィックによるものだった」といったことに気付けます。Tableauにおいて複数のメジャーのグラフを1つのビューで表現するには、「二重軸」という機能を利用します。

二重軸の折れ線グラフを作成すると、左右に2つの縦軸ができ、それぞれでメジャーの値を確認することになります。セッションと直帰率なら、左側は「3,000」などの数（量）、右側は「60%」といったパーセンテージ（質）、といった具合です。

一方で「セッション」と「直帰数」のように、どちらも量のメジャーで二重軸にしている場合は、2つの軸を「同期」することで単位を揃えられます。メジャーの値の大小を比較しやすくなるので、二重軸と併せて覚えておきましょう。

◆ 二重軸の折れ線グラフを作成する

① 2つ目のメジャーを配置する　📄 040.twbx

日別セッション数の折れ線グラフを作成した　　［直帰率］をビューの右端に重ねて点線にドラッグ

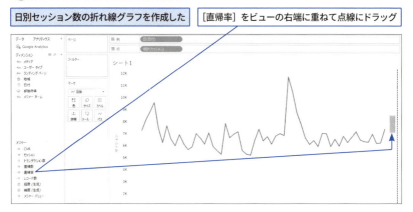

❷ ビジュアライズが完了した

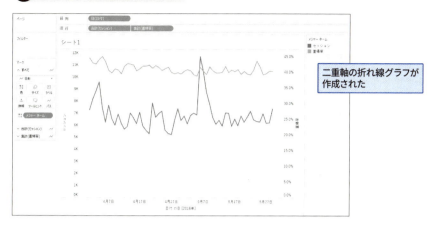

二重軸の折れ線グラフが作成された

◆ 二重軸の軸を同期する 📄 040.twbx

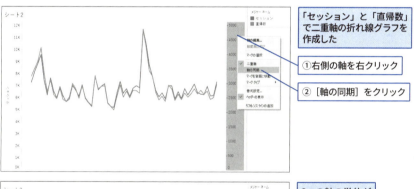

「セッション」と「直帰数」で二重軸の折れ線グラフを作成した

①右側の軸を右クリック

②［軸の同期］をクリック

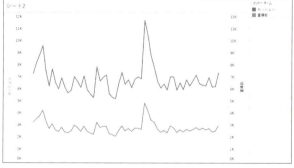

2つの軸の単位が同じになった

ほかにもリスティング広告のCTRとCPC、ECサイトのトランザクション数とCVRといった指標のビジュアライズにも二重軸が効果的です。

新法則 41

標準偏差の分布帯と平均線の追加

グラフに標準偏差を重ねて異常値を明確にする

折れ線グラフで示される山や谷が異常値といえるものなのか、悩むことがあります。通常起こりうる変動の範囲を、標準偏差で明らかにしましょう。

■ 平均的なパフォーマンスの分布をはっきりさせる

　Webサイトのセッション数やコンバージョン率は日々変動しますが、マーケターとしては「平均的なパフォーマンス」がどの程度なのかを、常に肌感覚として理解しておきたいものです。それがあるからこそ、以下のようなアクションが起こせます。

・昨日のセッション数は並外れて少なかった。だから原因を究明しよう
・昨日のコンバージョン率はとてもよかった。もともとコンバージョン率の高いメールマガジンを配信したせいだが、何を告知したのか調べてみよう

　平均的なパフォーマンスには「平均値」を利用するのが一般的ですが、加えて「標準偏差」も頭に置きましょう。標準偏差は<u>「散らばりの度合い」</u>を示し、平均値が100、標準偏差が20とすると、1つの基準として「80〜120なら通常起こりうる変動の範囲内である」と判断できます。Tableauでは次の手順で、標準偏差の分布帯と平均線をグラフに重ね合わせることができます。

❶ 分布帯を追加する　　041.twbx

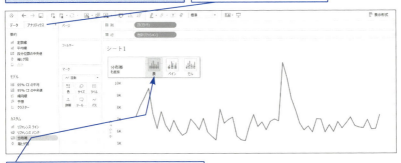

日別セッション数の折れ線グラフを作成した
① [アナリティクス] をクリック
② [分布帯] をビューに重ねて [表] にドラッグ

❷ 分布帯の値を標準偏差にする

［リファレンスライン、バンド、またはボックスの編集］画面が表示された

① ［値］をクリック
② ［標準偏差］をクリック

③ ［係数］が「-1,1」になっていることを確認

❸ 分布帯の書式を設定する

① ［線］と［塗りつぶし］を選択

② ［OK］をクリック

❹ 平均線を追加する

標準偏差の分布帯が追加された

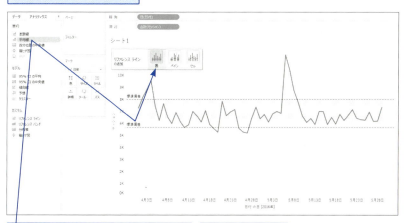

［平均線］をビューに重ねて［表］にドラッグ　　平均線が追加される

標準偏差の分布帯をビジュアライズすることで、何をもって「異常値」とするか、共通認識を持ちやすくなります。

新法則 42

棒グラフと円グラフの作成

メディア別コンバージョン数で棒・円グラフの基本を理解する

データのポピュラーな表現方法である、棒・円グラフを作成しましょう。同じディメンションとメジャーを使っても、異なるビジュアライズが可能です。

日付以外のディメンションでは棒グラフが定番

ここまでのグラフでは、ディメンションとして「日付」を使った折れ線グラフを中心に解説してきました。「日別の○○」、つまり推移を表す表現では、標準のビジュアライズとして折れ線グラフが選択されます。

ディメンションとして日付ではなく、例えば「メディア」を利用すると、標準のビジュアライズは棒グラフ（バーチャート）になります。棒グラフは日付以外のディメンションとメジャーを可視化するポピュラーな方法で、例えば「メディアごとのコンバージョン数の違い」を棒の高さで直感的に把握できます。

次の手順では、Googleアナリティクスから取得したメディアとコンバージョン数で棒グラフを作成します。後者は「目標 ○ 完了」というメジャーを取得したうえで、新法則17を参考に名前を「コンバージョン数」に変更しておきます。棒を並べ替えたり、値の小さい棒を非表示にしたりする方法は、新法則43 〜 44を参照してください。

◆ 棒グラフを作成する　📄 042.twbx

① ［メディア］を ［列］にドラッグ

② ［コンバージョン数］を ［行］にドラッグ

棒グラフが作成された

ラベルを表示しておく

第3章　多彩な表現を使ったビジュアライズ

132 | できる

■ 同じデータの組み合わせで円グラフも表現できる

「メディア」と「コンバージョン数」を使って、今度は円グラフ（パイチャート）を作成しましょう。ディメンションとメジャーを行・列シェルフに配置するのではなく、次の手順のようにデータを選択した状態から［表示形式］を適用します。こうした操作手順は、以降の新法則で解説する積み上げ棒グラフやヒストグラムなどでも登場します。

なお、円グラフに表示するメジャーのラベルを、値そのものではなく全体の構成比にしたい場合は、新法則78で解説する「簡易表計算」の機能を利用します。

◆ 円グラフを作成する　042.twbx

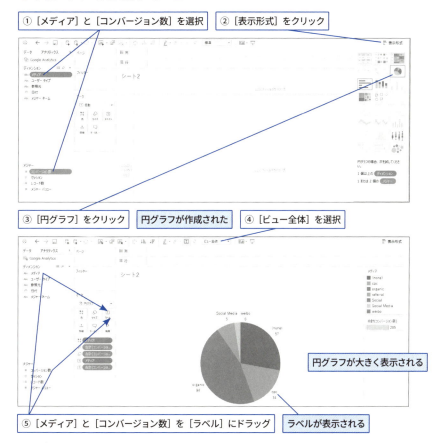

円グラフはよく見る表現ですが、棒グラフほど直感的でなく、複数のメジャーを同時に表現しにくいことから、Tableauではあまり利用されません。

関連　新法則78 実数と構成比を並べて正しい傾向を把握する……………………………… P.216

新法則 43

ディメンションメンバーの並べ替え

階層化されたビューは
ひと手間かけて並べ替える

値が多い順、少ない順での並べ替えはビューの見やすさに不可欠です。ただし、複数のディメンションを使ったビューでは、あるテクニックが必要になります。

■ ディメンションが1つなら並べ替えは簡単

　ビューで利用されているディメンションメンバーは多くの場合、並べ替え（ソート）が必要です。例えば、次の手順にあるのは「ページ」ごとの「平均ページ滞在時間」を横棒グラフで表現したビューですが、滞在時間が多い順に並んでいるのが適切です。
　最初はページのアルファベット順で並んでいますが、ボタンのクリックだけで滞在時間の昇順・降順に変化します。単純な並べ替えなら、特に難しい操作はありません。

◆ ディメンションメンバーを並べ替える　043.twbx

ページのアルファベット順で並んでる　　［降順に並べ替え］をクリック

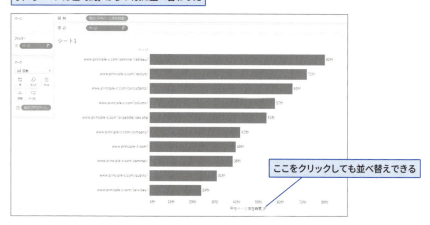

［平均ページ滞在時間］が多い順に並べ替わった

ここをクリックしても並べ替えできる

第3章　多彩な表現を使ったビジュアライズ

134 できる

■「ネストされたソート」は結合ディメンションなどで解決

　Tableauにおけるビューの並べ替えで注意したいのは、複数のディメンションを利用しているケースです。このときは「ネストされたソート」、つまり階層構造を持った並べ替えとなり、意図どおりの結果を得るための操作が複雑です。筆者の経験上、多くのTableau Desktopユーザーが突き当たる壁となっています。

　以下の画面は、前のページにあるビューにディメンション「ユーザータイプ」を加えたものです。New Visitorの上位10件、Returning Visitorの上位10件のそれぞれを降順で並べたいのですが、前のページの方法では何度やってもうまくいきません。ユーザータイプごとではなくデータ全体に基づいてソートされ、バラバラの順序に見えます。

　解決方法としては、結合したディメンション（新法則23を参照）を使う方法と、「簡易表計算」機能の「ランク」を使う方法の2つがあります。

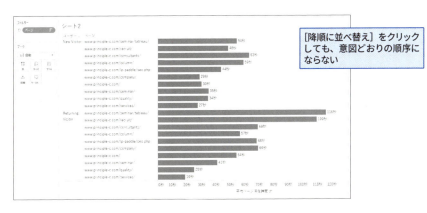

◆結合したディメンションでメンバーを並べ替える　043.twbx

❶ 結合したディメンションを配置する

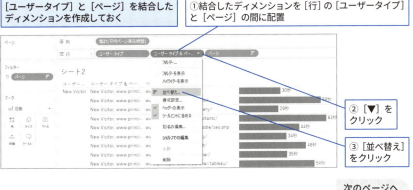

次のページへ

❷ 並べ替えの設定をする

[並べ替え] 画面が表示された

① [降順] をクリック　② [フィールド] をクリック

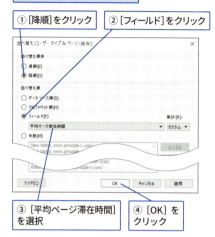

③ [平均ページ滞在時間] を選択　④ [OK] をクリック

❸ ヘッダーを非表示にする

並べ替えが実行された　① 結合したディメンションの [▼] をクリック

② [ヘッダーの表示] をクリック

❹ ビューの並べ替えが完了した

結合したディメンションのヘッダーが非表示になった　意図どおりに並べ替えができた

◆ 簡易表計算のランクでメンバーを並べ替える　043.twbx

❶ 簡易表計算の設定をする

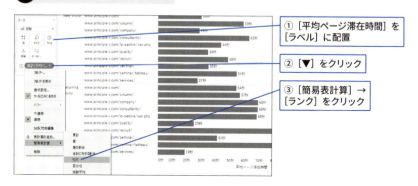

① [平均ページ滞在時間] を [ラベル] に配置
② [▼] をクリック
③ [簡易表計算] → [ランク] をクリック

❷ ディメンションごとに計算する

①再度［▼］をクリック

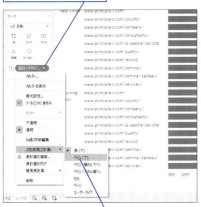

②［次を使用して計算］→
［ペイン（下）］をクリック

❸ ランクをシェルフに配置する

①［ラベル］に配置した［平均ページ滞在時間］
を［行］の右端に移動

②［▼］をクリック　③［不連続］をクリック

❹ ビューの並べ替えが完了した

①［平均ページ滞在時間］を［ユーザータイプ］と［ページ］の間にドラッグ

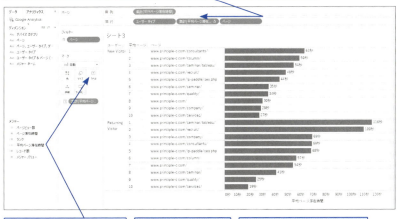

②［平均ページ滞在時間］を　ラベルが再表示された　意図どおりに並べ替えができた
［ラベル］にドラッグ

数量が多い順での並べ替えは、レポーティングに必須のテクニックです。
自然に行えるようマスターしておきましょう。

関連　新法則23　2つのディメンションの掛け合わせは結合で実現する …………………… P.74

新法則 44

ディメンションメンバーのビューからの除外

重要度の低い項目は除外してノイズを抑える

ディメンションメンバーのうち、全体へのインパクトが少ないものはビューから除外すると、余計なノイズの少ないグラフや集計表にできます。

■ ビジュアライズ後に不要と感じたメンバーを消す

　Tableauでビジュアライズを行っていると、下の画面のようなビューができあがることがよくあります。これは「デバイスカテゴリ」「ユーザータイプ」「メディア」の3つのディメンションで分割した「セッション」と「コンバージョン数」を、棒グラフで表現したものです。メディアは定常的に多い順に並べ替えています。

　一見、何も問題ないようにも見えますが、メディアのうち「Social Media」と「ad_network」は、全体のパフォーマンスに対してほぼインパクトを与えていません。デバイスカテゴリでは「tablet」も同様です。こうした重要度の低いメンバーによってビューが窮屈になるくらいなら、それらを除外したほうがビューがすっきりします。次のページのように操作しましょう。

　なお、除外したメンバーはビューの表示上だけでなく、計算上も除外されます。そのため、各メンバーの合計や割合をビューに表示していると、それらの値も変化します。計算に影響を与えたくない場合は、手順②にある「非表示」の操作をします。

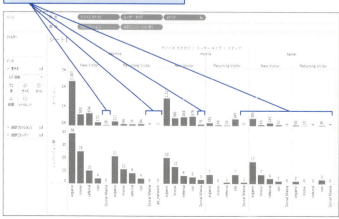

重要度が低い項目でビューが窮屈になってる

◆ ディメンションメンバーをビューから除外する　044.twbx

❶ 残したいメンバーを指定する

①残したいメンバーを選択して
マウスポインターを合わせる

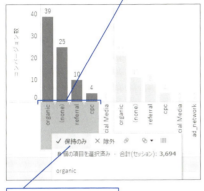

②［保持のみ］をクリック

❷ 除外するメンバーを指定する

①除外したいメンバーを選択して
マウスポインターを合わせる

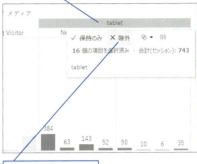

②［除外］をクリック

右クリックして［非表示］を選択すると
計算上は残せる

❸ ビューから除外できた

メンバーがビューから
除外された

［フィルター］にあるピルを外に
ドラッグすると除外を解除できる

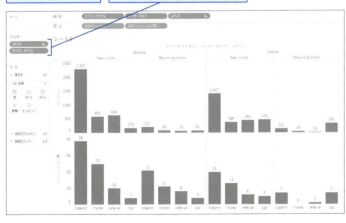

些末な値しか持たないメンバーがビューに表示されてしまうと、見る側にとってはノイズになります。見やすいビューに仕上げておきましょう。

関連　新法則30 注目させたいデータはフィルターで絞り込む…………………………… P.92

新法則 45

ビューのタイトルの動的な変更

月別の推移を表すビューには タイトルに「前月比」を付ける

「このビューが何を表しているのか」をタイトルに入れておけば、見る側にはっきりと意図が伝わります。動的に変化する数値を入れるのも有効です。

■ 任意のメジャーの前月比を自動計算して表示

ビューのタイトルは通常、ワークシート名と同じになりますが、別の名称にすることもできます。その際便利なのが、動的に変化する数値を加えるテクニックです。

以下の2つの画面はリスティング広告の月別表示回数を表したもので、ビューのタイトルの末尾に「前月比：○%」とあります。これはビューの内容と連動しており、「前月比：-76.9%」とある左側のビューにフィルターを適用して最後の月を変えると、右側のビューのように「前月比：12.1%」と変化します。タイトルを見るだけで直近の変化率をすぐに把握できるため、定例レポートとしての質が高まるでしょう。

こうした動的に変化する数値をタイトルに挿入するには、あらかじめ下にある3つの計算フィールドを作成しておきます。また、次のページにある手順のようにビューのタイトルを編集し、その計算フィールドを挿入します。

直近の月を基準とした前月比が
表示されている

フィルターで直近の月が変わると
前月比も変化する

◆ 前月比を取得する計算フィールド

●当月表示回数

```
LOOKUP(SUM([表示回数]),LAST())
```

●前月表示回数

```
LOOKUP(SUM([表示回数]),LAST()-1)
```

●表示回数（前月比）

```
([当月表示回数]/[前月表示回数])-1
```

LOOKUP関数とLAST関数を使い、「当月表示回数」で表示回数の最後の値、「前月表示回数」で最後から1つ前の値を取得。それらの変化率を求める「表示回数（前月比）」の数値形式は［パーセンテージ］に変更し、［マーク］の［詳細］に配置する。

◆ビューのタイトルを編集する　045.twbx

計算フィールド「表示回数（前月比）」を[マーク]の[詳細]に配置しておく

①ビューのタイトルにマウスポインターを合わせて、右端にある[▼]をクリック

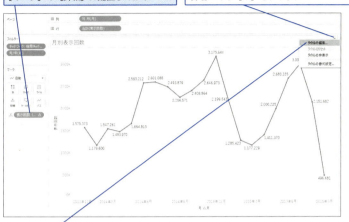

②[タイトルの編集]をクリック　　タイトルをダブルクリックしてもいい

[タイトルの編集]画面が表示された　　③「<シート名>」の後ろに「　前月比：」と入力

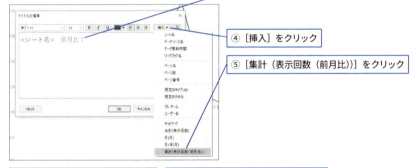

④[挿入]をクリック

⑤[集計（表示回数（前月比））]をクリック

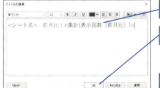

タイトルに計算フィールドが挿入された

⑥[OK]をクリック

タイトルの末尾に前月比が挿入される

ビューのタイトルは画面の目立つ場所を占めます。ビジュアライズの一部として、効果的な見せ方を考えてみましょう。

関連　新法則33　直帰率やコンバージョン率は計算式で正確な値を求める……………… P.104
　　　　 新法則36　ビジュアライズの土台となるワークシートを理解する……………………… P.118

新法則 46

グラフの色の動的な変更

増減や異常値の把握には色を最大限に活用する

計算フィールドによる条件分岐で、グラフの色を自動的に変えられます。少し高度なテクニックになりますが、見た目のわかりやすさは抜群です。

■ 前月比の増減をグラフの色で表現

前の新法則45ではビューのタイトルを動的に変更しましたが、グラフでも同様のことが可能です。実践面では、値の増減や異常値を色で表現し、それぞれの事象を発見しやすくする用途に適しています。グラフの実際の色はビジュアライズダイジェスト（12ページ）を参照してください。

値の増減、例えば「前月比で増えたか減ったか」でグラフの色を変化させるには、新法則45で作成した計算フィールド「表示回数（前月比）」がそのまま使えます。以下のような条件分岐をする新しい計算フィールド「表示回数変化方向」を作成し、それを色に配置すれば、折れ線グラフの変化方向（上か下か）によって線の色が変化します。

●表示回数変化方向

```
IF [表示回数（前月比）] > 0 THEN "増加"
ELSEIF [表示回数（前月比）] < 0 THEN "減少"
ELSE "変化なし"
END
```

新法則45で作成した計算フィールド「表示回数（前月比）」を使い、IF関数などで条件分岐を指定。「増加」には青、「減少」には赤などの色を割り当てられる。

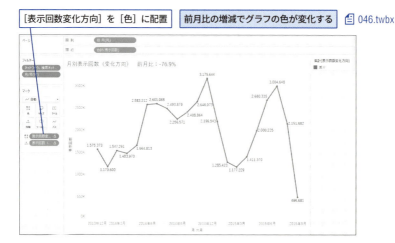

［表示回数変化方向］を［色］に配置　前月比の増減でグラフの色が変化する　📄 046.twbx

■ 直近1年における異常値かどうかを色で自動判定

異常値をグラフの色で表現するには、以下にある3つの計算フィールドを使います。異常値は「平均値から標準偏差の分、離れた範囲に収まるか否か」で判定するため、平均と標準偏差を求めて、それらによる条件分岐を行う、といった形です。

下の画面にあるビューは月別CTRを棒グラフで表現しており、直近12か月のCTRに対して当月のCTRが「異常に高い」「異常に低い」「通常の変動内」で動的に色分けされます。結果、それぞれの月のCTRをひと目で評価できます。

●直近12か月のCTRの平均

```
WINDOW_AVG([CTR],-11,0)
```

表計算関数で直近12か月の平均と標準偏差を求める計算フィールドを作成したうえで、それらを使った条件分岐を表す計算フィールド「異常CTR？」を作成する。

●直近12か月のCTRの標準偏差

```
WINDOW_STDEV([CTR],-11,0)
```

●異常CTR？

```
IF [CTR] > ([直近12か月のCTRの平均] + [直近12か月のCTRの標準偏差]) THEN "異常に高い"
ELSEIF [CTR] < ([直近12か月のCTRの平均] - [直近12か月のCTRの標準偏差]) THEN "異常に低い"
ELSE "通常の変動内"
END
```

[異常CTR？]を[色]に配置　｜　異常値かどうかでグラフの色が変化する　　📄 046.twbx

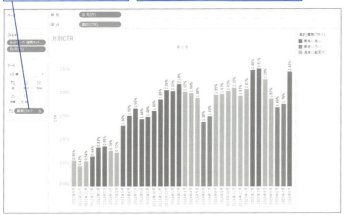

「色」は人間が容易に違いを認識できる表現の要素です。Tableauにおけるビジュアライズにも有効に利用しましょう。

関連
新法則41 グラフに標準偏差を重ねて異常値を明確にする P.130
新法則45 月別の推移を表すビューにはタイトルに「前月比」を付ける P.140

新法則 47

凡例ハイライトとデータハイライター

注視させたい項目は
ハイライトで目立たせる

特定のデータを目立たせたいときには、2つの「ハイライト」機能が役立ちます。オン／オフを簡単に切り替えられるインタラクティブな機能です。

■ 色の凡例から特定のメンバーをハイライト

　Tableauで作成したビューを使ってプレゼンを行うとき、特定のディメンションメンバーに注目を集めたいケースがあります。その実現方法としては、新法則30で解説したフィルターを利用するのも1つのアイデアです。

　ただし、フィルターは注目させたいメンバー以外を完全に非表示にしてしまうため、「注目させつつ、ほかのメンバーと比較」することができません。そこで活用したいのが「ハイライト」機能です。

　まず、シンプルなハイライト機能として「凡例ハイライト」があります。次の手順にあるのは、日別ユーザー数をデバイスカテゴリの色で分割した折れ線グラフです。色の凡例で選択したメンバー（線）だけがビビッドな色で、ほかのメンバーは薄い色で表示されることにより、聞き手の注目を特定のメンバーに集められます。

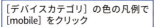
［デバイスカテゴリ］の色の凡例で［mobile］をクリック

「mobile」だけがハイライトされた

再度クリックすると解除される

 047.twbx

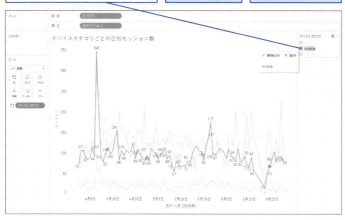

大量のメンバーからハイライトする対象を検索

また、応用的なハイライトに「データハイライター」があります。これはTableau 10から新たに実装された機能で、大量のメンバーが含まれるディメンションから特定のメンバーを検索し、ほかのメンバーを残しつつハイライト表示します。

次の手順にあるのは、「organic」だけにフィルターしたセッション数をランディングページごとにまとめ、直近3か月で比較できるようにした集計表です。ランディングページで色分けすれば前述の凡例ハイライトが使えますが、約1,000件のメンバーがあるため現実的ではありません。そこでデータハイライターを利用すると、「URLに"japan"を含む」といった条件で特定のページだけをハイライトできます。

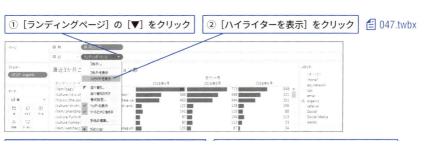

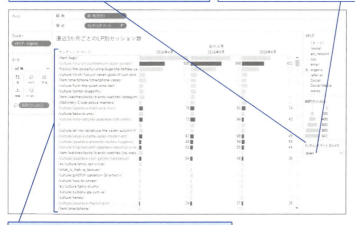

ビューの内容を説明するときに、ハイライトはとてもよく使います。フィルターとの違いを意識しつつ活用してください。

関連 新法則30 注目させたいデータはフィルターで絞り込む……P.92

新法則 48

色塗りマップの作成

都道府県別コンバージョン率は地図の色分けで表現する

地域に根ざしたビジネスをしていたり、全国各地に実店舗があったりする企業では、地図を使ったビジュアライズも重要です。表現方法を理解しましょう。

■ パフォーマンスと地理的関係を直感的に把握

都道府県別や国別で指標を確認したいとき、地図での表現が有効なケースが多々あります。Tableauでは次の手順で、地図を使ったビジュアライズが可能です。事前に地理的役割の付与、Googleアナリティクスの「地域」の整形といった準備をしておきましょう。

Tableauでは2種類の地図表現が可能で、コンバージョン率などの質を表すメジャーでは「色塗りマップ」が有効です。セッション数などの量を表すメジャーでは、その左隣にある「記号マップ」を使うといいでしょう。

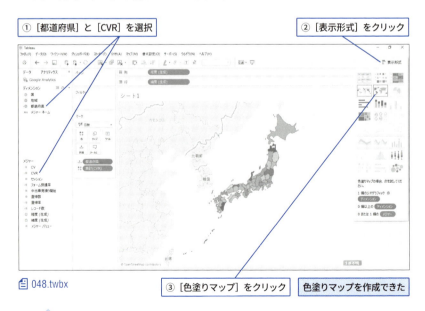

① ［都道府県］と［CVR］を選択
② ［表示形式］をクリック
③ ［色塗りマップ］をクリック
色塗りマップを作成できた

048.twbx

実店舗の有無によるコンバージョン率の差、テレビCMの実施・非実施によるトラフィックの差などで特に活用したいビジュアライズです。

第3章 多彩な表現を使ったビジュアライズ

新法則 49

色の調整

はっきりと区別したい色は
パレットと段階を指定する

Tableauでの色分けには標準でブルーのグラデーションが使われますが、美しさよりもわかりやすさを重視したい場合は、色の調整を行いましょう。

■ 補色と段階ごとの色分けで差を明確に

　色塗りマップやツリーマップなど、各項目における色の差が重要となる表現では、どのような色を使うかによってビジュアライズのわかりやすさが変わってきます。

　Tableauにおける標準の色表現はブルーのグラデーションですが、色の濃さのわずかな差は認識しにくいものです。よりはっきりと表現したい場合は、次の手順のように補色（色相環で正反対に位置する色）の関係にあるオレンジからブルーへと、4段階で変化する形などに調整するといいでしょう。

①凡例の［▼］をクリック

②［色の編集］をクリック

049.twbx

［色の編集］画面が表示された

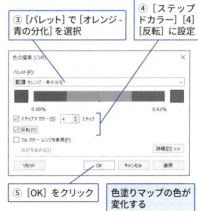

③［パレット］で［オレンジ - 青の分化］を選択

④［ステップドカラー］［4］［反転］に設定

⑤［OK］をクリック

色塗りマップの色が変化する

段階の数を奇数にすると、中間的な意味の色（グレーなど）が入ります。ポジティブ、ネガティブで二分したいときは偶数がおすすめです。

関連　新法則53　量と質の同時比較にはツリーマップを活用する……………………… P.154

第3章　多彩な表現を使ったビジュアライズ

できる｜147

新法則 50

積み上げ棒グラフの作成

メディアの構成比は棒グラフの色分けで表現する

日別セッション数のうち、organicやcpcなどの各メディアの構成比を見たいときは、積み上げ棒グラフによる表現が適当です。実際に可視化してみましょう。

■ 全体量とディメンションメンバーごとの量を直感的に把握

新法則39では折れ線グラフを色で分割しましたが、それを簡単に「積み上げ棒グラフ」や「100%積み上げ棒グラフ」にできます。日別のセッション数をメディア別でセグメントし、各メディアがどの程度の量(実数)、または割合(構成比)で含まれているかを分析したいときに適した表現です。

次の手順で積み上げ棒グラフを作成すると、ビューの右側に凡例が表示され、ディメンションメンバーをドラッグして積み上げる順序を変更できます。このときのポイントは、定常的にもっとも多いメンバー(この例では「organic」)をいちばん下にすることです。値が多いものほど下になるように積み上げていくと、見やすいグラフになります。

1 表示形式を適用する　　050.twbx

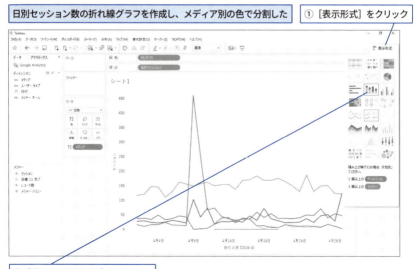

❷ 積み重ね棒グラフが作成された

①［ビュー全体］を選択　②凡例のメンバーをドラッグして並べ替える

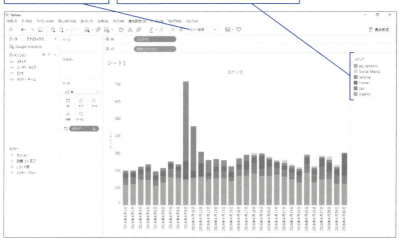

積み上げ棒グラフを作成できた　　各メディアの実数を確認できる

❸ 列を割合に変更する

①［分析］をクリック

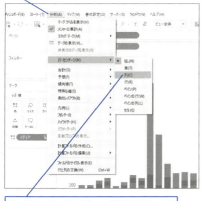

②［パーセンテージ］→［列］をクリック

❹ 棒グラフが変化した

100％積み上げ棒グラフに変化した

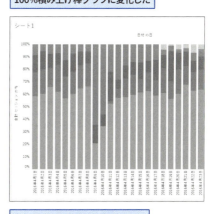

各メディアの構成比を確認できる

実践においては2つの積み上げ棒グラフを並べて、実数と構成比を同時に見られるようにすると効果的です。

関連 新法則78 実数と構成比を並べて正しい傾向を把握する……………………………… P.216

新法則 51

並列棒グラフの作成

2つの階層での比較には並列棒グラフを活用する

複数の並んだ棒で表されるグラフを「並列棒グラフ」と呼びます。この表現は、複数のディメンション間における値の比較に適しています。

■「メディアごとのユーザータイプ別直帰率」の比較を明解に

「同一メディアでの直帰率が新規ユーザーとリピーターで異なるだろうか？」という比較は、Webマーケティングの分析でよく登場します。また、「organicからのセッション数は2015年と2016年でどう変化しているのか？」といった年の比較をしたいこともあるでしょう。そのような場合に最適な表現となるのが並列棒グラフ（並列バー）です。

Tableauでの作成手順は次のとおりですが、ポイントが2つあります。1つは、メディアとユーザータイプを行シェルフに配置したあと、ユーザータイプを色にも配置することで、棒の色分けが可能である点。もう1つは、メディアを並べ替える基準として直帰率を選択することで、直帰率が高い順にソートできる点です。

① 棒を色分けする　　051.twbx

メディア別・ユーザータイプ別直帰率の棒グラフを作成した

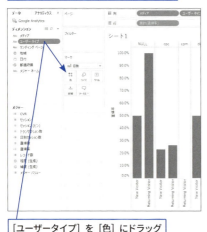

［ユーザータイプ］を［色］にドラッグ

② フィルターを適用する

棒が2本ずつ色分けされた

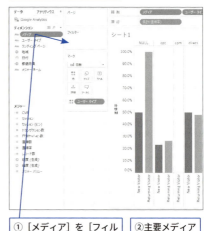

①［メディア］を［フィルター］にドラッグ
②主要メディアのみに絞り込む

③ メディアを並べ替える

① [フィルター]にある[メディア]の[▼]をクリック
② [並べ替え]をクリック

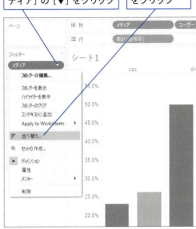

④ 並べ替えの基準を指定する

[並べ替え]画面が表示された

① [降順]をクリック
② [フィールド]をクリック

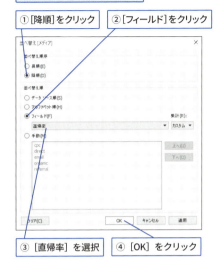

③ [直帰率]を選択
④ [OK]をクリック

⑤ 並べ替えが完了した

メディアが直帰率の降順で並べ替えられた　　並列棒グラフを作成できた

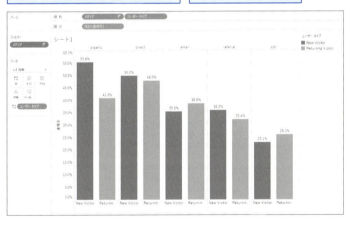

「○○を横並びで比較したい」と思ったときに、もっとも効果的なビジュアライズが、この並列棒グラフです。

関連 新法則33 直帰率やコンバージョン率は計算式で正確な値を求める …… P.104

新法則
52

ヒストグラムの作成

日別セッション数の分布は
ヒストグラムで表現する

「この3か月間で、セッション数が6,000程度の日は何日あるのか？」に回答できる
ビューがヒストグラムです。その作成方法と注意点を理解しましょう。

■ 集中とばらつきの度合いから全体の傾向を把握

　品質管理のための問題把握・解決手法に「QC七つ道具」があります。これらは7つの
知識やグラフ表現のことを指し、「特性要因図」「チェックシート」「散布図」「パレート図」
「管理図」「層別」、そして「ヒストグラム」が含まれます。

　次のページにある1つ目の画面のように、Tableauではヒストグラムを簡単に作成でき
ます。新法則29で解説した「ビン」（階級）を調整し、収まりのいい形を見つけましょう。
ほかにも日別のコンバージョン数やリスティング広告の表示回数、もしくはECサイトの
会員における年齢の分布といったヒストグラムのアイデアがあります。

■ ディメンションの取得数で度数も変化する

　ただし、ヒストグラムには注意点もあります。次のページにある2つ目の画面は、1つ
目の画面と同じデータソースに接続し、同じ日数（91日分）のデータを取得していますが、
似ても似つかないヒストグラムが作成されています。この原因は、取得しているディメン
ションの数にあります。

　1つ目の画面では「日付」だけを取得しているので、ヒストグラムの度数は日数と同じ
「91」になります。しかし、2つ目の画面では「デバイスカテゴリ」「ユーザータイプ」も
同時に取得しているため、度数は「91（日数）×3（desktop/mobile/tablet）×2（New
Visitor/Returning Visitor）」、つまり「546」になるのです。これでは、日別セッション数
の分布を正確に表現できません。

　対策は2つあります。1つは、デバイスカテゴリとユーザータイプでヒストグラムを分
割する、という方法です。実施すると3つ目の画面のようになり、各行の度数の合計が「91」
となっていることから、意図どおりのヒストグラムが作成されています。

　もう1つは、新法則35で解説した「詳細レベルの式」（LOD式）を使う方法です。詳細
レベルを「日付」に固定したセッション数を計算フィールドとして作成し、それを使って
ヒストグラムを作成すれば、1つ目の画面と同じ結果になります。

◆ヒストグラムを作成する 📄 052.twbx

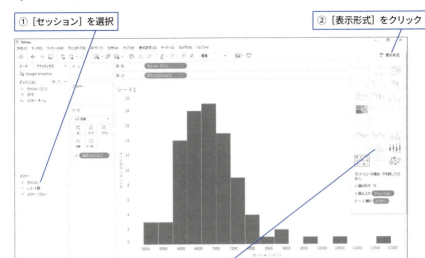

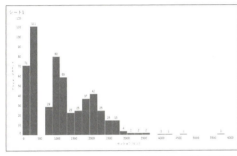

取得しているディメンション数が変わると、ヒストグラムの度数も変化する

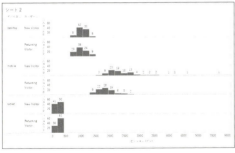

すべてのディメンションをビューに反映すれば、正しい度数のヒストグラムを作成できる

ヒストグラムは簡単に描けますが、思わぬ落とし穴もあります。正しい度数で表されているか、常に確認しましょう。

関連 新法則29 ヒストグラムはビンの調整で収まりのいい形に整える ……………… P.90

新法則 53

ツリーマップの作成

量と質の同時比較にはツリーマップを活用する

リスティング広告のキャンペーンでは、クリック数とCPAの同時比較が非常に重要になってきます。そのようなときに活躍するのが「ツリーマップ」です。

効率の悪いキャンペーンを浮かび上がらせる

「ツリーマップ」とは、ディメンションメンバーを長方形で表し、その面積と色でメジャーの値を表現するビジュアライズです。面積に量的な指標、色に質的な指標を割り当てることで、メンバーごとの量と質を同時に理解できるビューが完成します。

次の手順で作成するツリーマップでは、区画の1つ1つがリスティング広告のキャンペーンを表しています。面積に「クリック数」、色に「CPA」を配置することで、各キャンペーンのパフォーマンスを評価できるようにしています。色はCPAが高ければ赤、低ければ黒に近づく5段階で、「面積が大きくて色が赤」のキャンペーンは、コンバージョンを生まない無駄なクリックが多い（赤字になっている可能性が高い）と考えられます。実際の色はビジュアライズダイジェスト（13ページ）を参照してください。

1 CPAを色に配置する　053.twbx

① ［キャンペーン］と［クリック数］を選択
② ［表示形式］をクリック
③ ［ツリーマップ］をクリック
④ ［CPA］を［色］にドラッグ

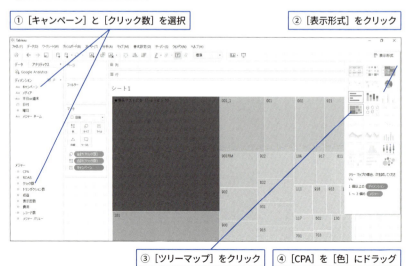

❷ 色を調整する

CPAの［色の編集］画面を表示しておく

①［パレット］で［赤 - 黒の分化］を選択

②［ステップドカラー］
［5］［反転］を指定

③［OK］をクリック

❸ CPAをラベルとして表示する

①［CPA］を［ラベル］にドラッグ

②［ラベル］をクリック

③［テキスト］の［…］をクリック

④「＜集計（CPA）＞の前に「CPA：」と入力

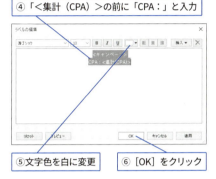

⑤文字色を白に変更

⑥［OK］をクリック

❹ CPAのラベルが追加された

色がCPAを表していることが明確になった　ツリーマップを作成できた

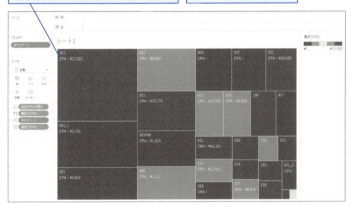

日本ではあまり認知されていないようですが、ツリーマップは量と質の同時比較に優れたビジュアライズです。

新法則 54

散布図の作成

2つの指標の相関は散布図で検証する

「直帰率とコンバージョン率の関係は？」など、2つの指標の相関が気になったら「散布図」の出番です。まずは散布図の基本を理解しましょう。

2つのメジャーを軸にディメンションをプロットする

2つの指標が関わり合い、一方が変化すれば他方も変化するような関係を「相関」といいます。「散布図」は、その相関の有無や度合いを調べるために利用するビジュアライズです。ヒストグラムやパレート図と同様に「QC七つ道具」の1つにも数えられます。

Excelでは今ひとつ説得力のある表現ができない印象がありますが、Tableauでは非常に強力な表現の1つであり、以下のような問いに対する答えを与えてくれます。

① トラフィックを増やそうと努力しているが、セッション数が多い日は、本当にコンバージョン数も多いのだろうか？

② LPO（ランディングページ最適化）に取り組もうという案があるが、メディア別で見た場合に直帰率とコンバージョン率に有効な関連性はあるだろうか？

次のページの上にある手順では、Googleアナリティクスから取得した「コンバージョン数」（目標 ○ 完了）と「セッション」から散布図を作成しています。2つのメジャーを配置した時点で散布図の軸が描かれ、さらにディメンションを配置するとポイントが描画（プロット）される流れです。この例ではきれいな右肩上がりでプロットされており、上記①の答えとしてセッション数とコンバージョン数の相関は高いといえそうです。

ポイントの大きさで別の指標も表せる

もう1つ例を紹介しましょう。次のページの下にあるビューは、「直帰率」と「コンバージョン率」で散布図の軸を描き、「メディア」をラベルと詳細に配置したあと、「セッション」をサイズに配置したものです。各ポイントの大きさがセッション数を表しており、それぞれのメディアの量的な重要度も同時にわかります。

ここからさらに「コンバージョン数」を色に配置することで、情報量を増やすこともできます。縦軸、横軸、サイズ、色の4要素を使って、最大4つのメジャーを同時に表現できるのも散布図の特徴です。

◆ 散布図を作成する 054.twbx

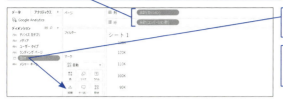

日でプロットされた散布図が作成された

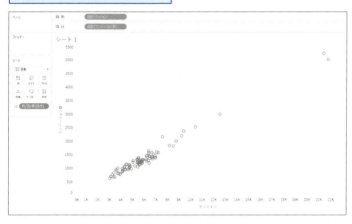

◆ 散布図のポイントの大きさで指標を表現する 054.twbx

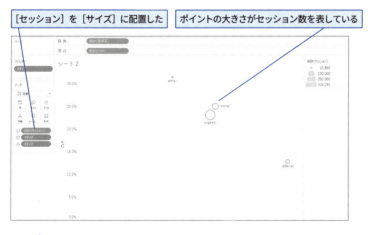

「相関といえば散布図」と覚えましょう。Excelよりも圧倒的に簡単に、知見を導きやすいビジュアライズが可能です。

新法則 55

散布図の表現方法の調整

相関の有無の検証は表現方法や傾向線で工夫する

散布図を作成しても、ひと目で相関が読み取れるとは限りません。さまざまなオプションを駆使して相関の確からしさを検証しましょう。

■ ポイントや表示位置の調整で散布図を見やすく

前の新法則54で作成方法をマスターしたところで、散布図に関連するさまざまな表現方法をダイジェストで解説します。登場する例は、いずれも「直帰率」と「CVR」（コンバージョン率）の相関を日付でプロットした散布図となっています。

目的変数と説明変数を入れ替える

散布図では縦軸に「目的変数」、横軸に「説明変数」をとります。「指標Aによって指標Bが変わるのでは？」という命題の場合、指標Bが目的変数、指標Aが説明変数です。軸が逆転していたときは、新法則37で解説した軸のスワップで入れ替えられます。

重なったポイントを見やすくする

ビューの一部分にポイントが集中した場合は、ポイントの色を半透明にすると、重なっている部分が濃くなることで重なり具合がわかりやすくなります。ただし、半透明にするだけだと輪郭がわかりにくくなるので、枠線も付けるといいでしょう。

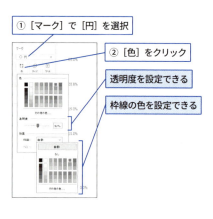

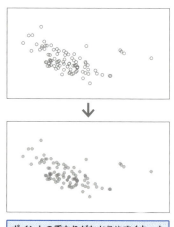

ポイントの重なりがわかりやすくなった

ポイントの集まりを拡大する

　ズームとパン、軸の固定により、ポイントが密集している部分を拡大表示できます。いくつか方法がありますが、「ビューツールバー」を表示して操作すると簡単です。次の手順ではビューツールバーを表示したあと、ポイントの集まりを範囲選択してズームし、位置を微調整しています。この状態で、軸の位置が固定されます。

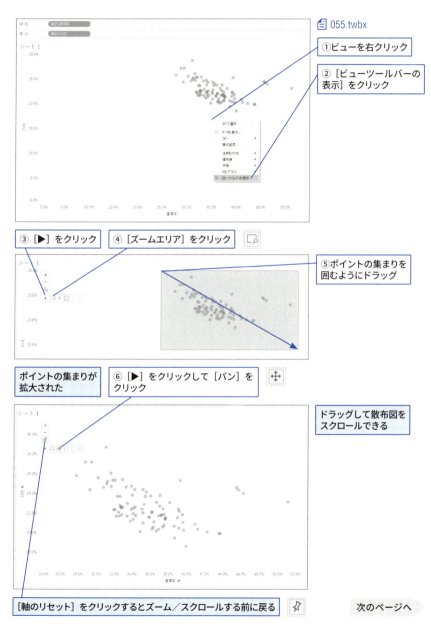

傾向線と信頼区間を追加してR二乗値を調べる

　散布図に傾向線を引くことで、2つの指標の相関を検証しやすくなります。傾向線の表示方法には「線形」「対数」「指数」「多項」の4種類がありますが、Webマーケティングのデータでは線形以外を利用する機会は少ないでしょう。

　次の手順のように操作すると、傾向線を表す太い直線と、その両脇に信頼区間を表す2本の細い線が引かれます。また、傾向線にマウスポインターを合わせると、回帰式、R二乗値、P値を確認できます。統計解析の詳しい説明はここでは省きますが、一般にR二乗値が「0.5」以上あると、2つの指標に十分な相関性があるとされます。よって、ここでの例では直帰率とコンバージョン率には相関がないかもしれない、と考えられます。

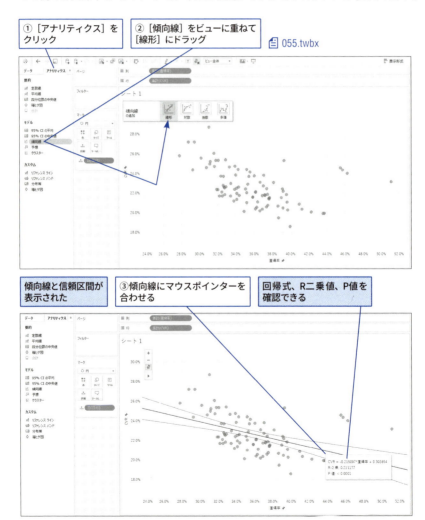

ディメンションで分割して密接な相関を見つける

　全体（ディメンションが1つ）の散布図から十分な相関が見られない場合、ほかのディメンションを加えて散布図を分割し、より細かいセグメントにおける相関を検証してみることをおすすめします。次の手順にあるビューは、先ほどの散布図を「ユーザータイプ」と「デバイスカテゴリ」で分割してマトリックスにしたものです。

　こうして傾向線の詳細を確認してみると、「mobile」の「New Visitor」についてはR二乗値が「0.46」あり、直帰率とコンバージョン率にある程度の相関性がありそうだと判断できます。このサイトではスマートフォン向けのユーザーインターフェースで直帰率を低下させる施策が、コンバージョン率の改善につながりやすいといえるでしょう。

[デバイスカテゴリ]を[列]、[ユーザータイプ]を[行]に配置　　散布図が分割された

055.twbx

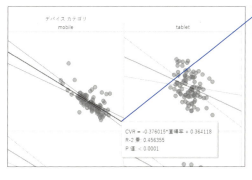

特定のセグメントでは相関性が高いことを確認できた

散布図から意味のある知見を引き出すには、セグメントの適用が有効な場合があります。いろいろな切り口で検証してみましょう。

関連　新法則54 2つの指標の相関は散布図で検証する　……………………………………… P.156

新法則 56

ハイライト表の作成

セグメント別CVRの高低はハイライト表で理解する

LPO（ランディングページ最適化）はWeb改善の基本的な施策ですが、その方向性を決めるための根拠として「ハイライト表」が役立ちます。

■ ランディングページの評価をセグメント別に見る

　Excelには「条件付き書式」という機能があり、普段から使っている人も多いでしょう。Tableauの「ハイライト表」は、この条件付き書式に似た表現方法です。クロス集計表をベースに値の大きいセルは濃い色で、小さいセルは薄い色で表現することで、各項目がもたらすインパクトを直感的に理解できます。

　Webマーケティングにおいて、このハイライト表の活用機会の1つに「ランディングページごとのセグメント別コンバージョン率」の分析があります。ここではセグメントとしてデバイスカテゴリとユーザータイプを使い、次のページのようなハイライト表を作成します。

　準備として、Googleアナリティクスから取得した「ランディングページ」は新法則34を参考に、計算フィールドでクエリパラメーターを除外しておきます。この例では「パラメーター除外LP」という名前を付けました。また、「パラメーター除外LP」はセッション数が一定数以上という条件でフィルターを適用し、「デバイスカテゴリ」からは「tablet」を除外しています。

ランディングページの配置時に警告が表示されるときは

大量のメンバーが含まれるディメンションをビューに配置すると、以下のような警告画面が表示されます。多すぎると分析に支障があるので、「上位○件」「セッション数が○以上」といったフィルターを適用しましょう。

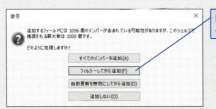

［フィルターしてから追加］をクリックすると、配置とフィルターが同時に行える

◆ ハイライト表を作成する   056.twbx

デバイスカテゴリ、ユーザータイプ、パラメーター除外LPの集計表を作成した

① ［マーク］で［四角］を選択   セルの値が「■」に変化した

② ［CVR］を［色］にドラッグ   セル全体が色で塗られた

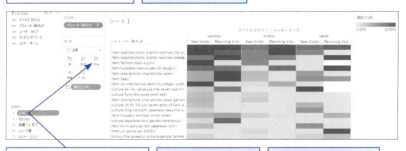

③ ［CVR］を［ラベル］にドラッグ   セルの値がCVRになった   ハイライト表を作成できた

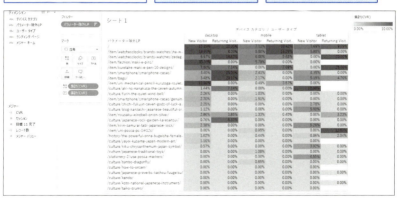

各セルの色は、色塗りマップなどと同じ方法で調整できます。差を識別しやすい色にしておきましょう。

関連 新法則94 CVRが高まる「曜日×時間」はハイライト表で可視化する ················· P.252

新法則 57

パレート図の作成
売上貢献度の高い商品はパレート図で明らかにする

ECサイトに関わるマーケターにおすすめしたいビジュアライズに「パレート図」があります。自社の売れ筋をTableauで把握しましょう。

■ 商品と収益のデータから「パレートの法則」を検証

ヒストグラムと同じくQC七つ道具に含まれる「パレート図」を、Tableauでビジュアライズしてみましょう。「20%の商品が全体の収益の80%を生み出す」という「パレートの法則」が実際に成立しているかを検証し、その20%の商品が何かを明らかにします。

ここでは、Googleアナリティクスのデモアカウントで提供されているeコマーストラッキングのデータからパレート図を描きます。例では2～3割の商品が80%の収益を生み出しており、確かにパレートの法則が成立していることがわかります。「商品」と「商品の収益」にあたるデータが手元にあれば、同様の手順でビジュアライズが可能です。

◆ パレート図を作成する   057.twbx

1 商品の収益を累計にする

商品別収益の棒グラフを作成した

［商品の収益］の降順で並べ替えておく

① ［商品の収益］の［▼］をクリック

② ［簡易表計算］→［累計］をクリック

2 マークをエリアに変更する

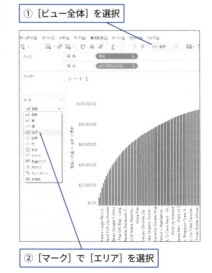

① ［ビュー全体］を選択

② ［マーク］で［エリア］を選択

第3章 多彩な表現を使ったビジュアライズ

❸ 縦軸を割合に変更する

①［商品の収益］の［▼］をクリック

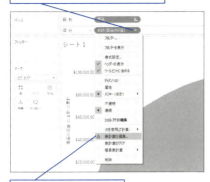

②［表計算の編集］を選択

❹ 表計算の方法を指定する

［表計算］画面が表示された

①［セカンダリ計算の追加］にチェックマークを付ける

②［セカンダリ計算タイプ］で［全体に対する割合］を選択

③［×］をクリック

❺ 定数線を追加する

①［アナリティクス］をクリック　　②［定数線］をビューに重ねて［表］にドラッグ

③「0.8」と入力して［Enter］キーを押す

パレート図を作成できた

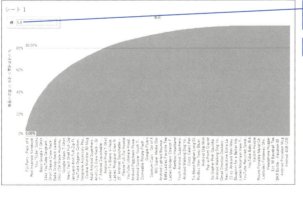

> 売り上げの大部分を占める商品がわかれば、広告やSEO、コンテンツ制作の予算を集中させる施策を計画しやすくなります。

第3章　多彩な表現を使ったビジュアライズ

新法則 58

箱ひげ図の作成

曜日別の指標のばらつきは箱ひげ図で分析する

曜日ごとのパフォーマンスを見たときに特定の曜日がよかったとしても、常にそうとは限りません。分析には「箱ひげ図」が役立ちます。

■ 特異なデータに惑わされない事実をつかむ

　直近3か月について曜日別のコンバージョン率を確認したところ、ほかの曜日が1%台であるのに対し、土曜日は3%前後と断然高かったとします。「リスティング広告やメールマガジンで土曜日のトラフィックを増加させれば、効率よくコンバージョンを獲得できる」と判断できそうですが、これだけで結論づけるのは早計です。

　もしかすると、この期間における特定の土曜日だけが、何らかの理由で突出してコンバージョン率が高かったのかもしれません。ほかの土曜日は平均的なコンバージョン率であることに気付かずにいると、広告などに無駄な予算をかけてしまいます。

　「箱ひげ図」ではデータの分布を加味したうえで、「本当に土曜日のコンバージョン率が高いのか？」を検証できます。Excel 2016でも作成できますが、Tableauでは次のように簡単な操作でビジュアライズできます。

◆ 箱ひげ図を作成する　058.twbx

1 曜日を配置する

①［日付］を［列］に右クリックでドラッグ

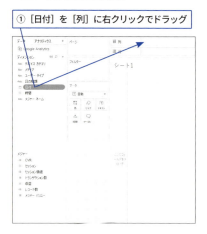

［フィールドのドロップ］画面が表示された

②［曜日］をクリック

③［OK］をクリック

❷ 表示形式を箱ひげ図に変更する

① [CVR] を [行] にドラッグ

② [表示形式] をクリック

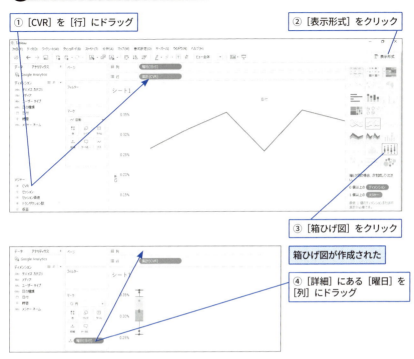

③ [箱ひげ図] をクリック

箱ひげ図が作成された

④ [詳細] にある [曜日] を [列] にドラッグ

❸ 箱ひげ図を曜日別にする

[日付] を [詳細] にドラッグし、日付レベルが [日] の [不連続] に設定

曜日別の箱ひげ図に変化した

[日付] でフィルターを適用し、分析したい期間を調整しておく

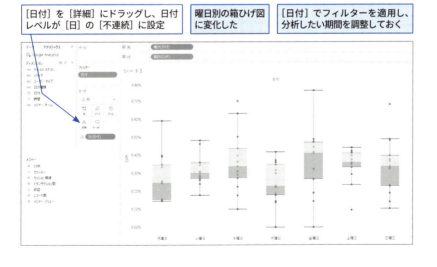

次のページへ

値のばらつき度合いを考慮して知見を引き出す

　箱ひげ図の見方としては、まずデータの個数を確認します。前のページの例では、すべての曜日が等しく13回あるデータをフィルターで取り出しています。つまり、箱ひげ図の各曜日には、それぞれ13個のポイントがあることになります。

　箱ひげ図の「箱」は上部が薄い色、下部が濃い色で、境目が「中央値」です。濃い色は中央値から「第1四分位数」まで、薄い色は「第3四分位数」までの長さでできています。四分位数とはデータの値を順に並べたときに4等分する位置にある値のことをいい、小さいほうから第1四分位数、第2四分位数（＝中央値）、第3四分位数となります。

　次に「ひげ」は、第1四分位数から第3四分位数までの長さとなるIQR（InterQuartile Rangeの略。四分位範囲ともいう）の1.5倍が基準値となります。下部のひげは第1四分位数からIQR×1.5分だけ下に伸ばし、その範囲内にあるいちばん遠いポイントに重なります。上部のひげも同様に、第3四分位数から基準値の範囲内で伸ばしたポイントです。これらの具体的な値は、箱ひげ図にマウスポインターを合わせると確認できます。

　こうしたルールを単純化すると、「箱が短いほどばらつきがなく安定している」「ひげの外側にあるポイントは外れ値」といえるでしょう。今回の箱ひげ図からは、以下のような事実が読み取れそうです。

・土曜日は、やはり安定してコンバージョン率が高い
・中央値だけ見ると金曜日のほうが高いが、ばらつきが大きく確実性に欠ける

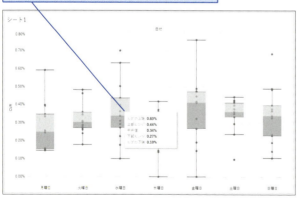

マウスポインターを合わせると値の詳細を確認できる

散布図と同様に、箱ひげ図をディメンションで分割してセグメントごとの傾向を深掘りしてみるのもいいでしょう。

関連 新法則54 2つの指標の相関は散布図で検証する………P.156

新法則 59

パラメーターの作成とフィルターでの利用

上位○件や特定日の表示はパラメーターで実現する

閲覧ユーザーが値を入力・選択できる「パラメーター」をビューに用意すれば、フィルターなどの任意のインタラクションを提供できます。

■ 閲覧ユーザーが値を指定できるフィルターを作る

共有されたワークブックをTableau ReaderやTableau Server、Tableau Onlineで見るユーザーには、さまざまなニーズがあるでしょう。「取締役への説明のため上位3位だけが見たい」「詳細資料に掲載するトップ30までの一覧がほしい」……こうしたユーザーの状況ごとのニーズに対応できる機能に「パラメーター」があります。

ここでは「ランディングページ別の新規セッション率」を例に、パラメーターについて理解しましょう。ビューの閲覧のみが可能なユーザーが、セッション数の「上位○位」のランディングページを任意に表示できるようにします。

パラメーターは単体としては、ユーザーが入力・選択した値の情報を持つだけです。フィルターとして利用するには、別途作成したフィルターとの関連付けが必要です。ビューの右側に「パラメーターコントロール」を表示し、そこで入力・選択した値がフィルターとしてインタラクティブに働くように設定します。

◆ パラメーターを利用して上位○位に絞り込む　059.twbx

1 パラメーターを作成する

① [データ] の [▼] をクリック

② [パラメーターの作成] をクリック

2 パラメーターを保存する

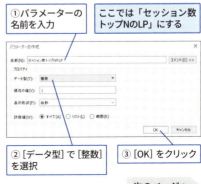

① パラメーターの名前を入力

ここでは「セッション数トップNのLP」にする

② [データ型] で [整数] を選択

③ [OK] をクリック

次のページへ

❸ コントロールを表示する

パラメーターが作成された

① [セッション数トップNのLP] の [▼] をクリック

② [パラメーターコントロールの表示] を選択

ビューの右端にパラメーターコントロールが表示される

③ [ランディングページ] を [フィルター] にドラッグ

❹ フィルターと関連付ける

[フィルター] 画面が表示された

① [上位] をクリック

② [フィールドごと] をクリックして条件を指定

③ [OK] をクリック

❺ パラメーターを変更する

パラメーターとフィルターを関連付けた

パラメーターコントロールに数字を入力

「セッション数上位○件」がビューに表示された

日付のパラメーターで特定日に絞り込む

　同じビューに対して、さらにユーザーが指定した「○月○日」に絞り込むフィルターをパラメーターで実現してみましょう。新たに作成するパラメーター「特定日のLP」では、データ型として [日付] を選択します。フィルターは個別の日付に対して適用し、マッチングの条件として「パラメーターと合致する日付」を表す計算式を入力します。

　日付をコンテキストフィルターに設定しておけば、「セッション数トップNのLP」と併用して「○月○日の上位○件」をパラメーターで指定できるようになります。

◆ パラメーターを利用して特定の日に絞り込む　059.twbx

1 パラメーターを作成する

[パラメーターの作成] 画面を表示しておく

① パラメーターの名前を入力

ここでは「特定日のLP」にする

② [データ型] で [日付] を選択

③ [許容値] で [範囲] をクリック

④ [フィールドから設定] をクリックして [日付] を選択

⑤ [OK] をクリック

2 フィルターと関連付ける

① [日付] を [フィルター] にドラッグ

② [個別の日付] を選択して [次へ] をクリック

[フィルター] 画面が表示された

③ [条件] タブをクリック

④ [式ごと] をクリックして計算式を入力

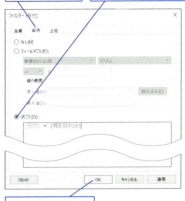

⑤ [OK] をクリック

3 パラメーターを変更する

[日付] を [行] に配置し、日付レベルが [日] の [不連続] に設定しておく

[日付] をコンテキストフィルターに設定しておく

パラメーターコントロールのスライダーをドラッグ

「特定日のセッション数上位○件」がビューに表示された

第3章 多彩な表現を使ったビジュアライズ

パラメーターはユーザーに「フォーカスしたいデータの選択権を与える機能」とも表現できます。積極的に活用しましょう。

関連　新法則30　注目させたいデータはフィルターで絞り込む……………………………………… P.92

新法則 60

書式設定
ワークブックやシートには見やすい書式を設定する

意味のある分析はもちろんですが、レポートの見やすさも重要です。「字をもっと大きく」「ここは強調して」といった意見にも対応できるようにしましょう。

■ フォントや配置、網掛け、枠線などを幅広く調整

Tableauでは標準の設定でも見やすくビジュアライズされますが、フォントや色、枠線などに別途書式を設定することで、より意図を反映したビューにできます。ここで解説するいろいろな書式を試して、見栄えを確認してみてください。

ワークブック全体のフォントを設定する

まずはワークブック全体（ファイル内のワークシート、ダッシュボード、ストーリーのすべて）のフォントを一括指定する方法を覚えておきましょう。「字が小さくて読めない」などと言われたとき、もっとも簡単にすべての画面で使われているフォントを大きくできます。この設定はTableau 10から実装されました。

① [書式設定] メニューをクリック

② [ワークブック] をクリック

[ワークブックの書式設定] ペインが表示された

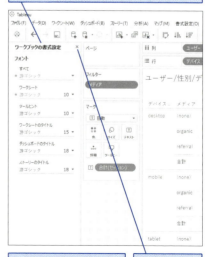

ワークブック全体のフォントを一括指定できる

[×]をクリックすると閉じる

ワークシートの書式を設定する

　個別のワークシートでは、ビューにおける「フォント」「配置」「網掛け」「枠線」「線」の5つの要素に対して、書式設定の画面が用意されています。また、それぞれの適用範囲を指定するためのタブ（シート全体、行のみ、列のみ）があります。これらの書式設定は、［書式設定］メニューまたは次の手順で表示します。

　クロス集計表は書式の適用範囲がもっとも多いので、設定した書式がどこに反映されるか、どのような見栄えになるかをテストしたいときに最適です。ただし、「線」の書式はクロス集計表には適用されないので、傾向線を表示した散布図（新法則55を参照）などで確認するといいでしょう。

①ビューを右クリック
②［書式設定］をクリック
書式設定ペインが表示された

ワークシートの書式をコピーする

　ワークシート間で共通した書式にそろえるには、書式設定のコピー／貼り付けが便利です。ワークシートの複製ではなく、新規に作成したビューで既存のビューの書式を引き継ぎたいときには必須の操作となります。

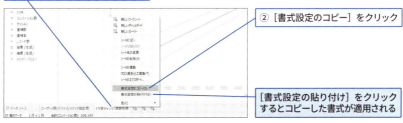

①ワークシートのタブを右クリック
②［書式設定のコピー］をクリック
［書式設定の貼り付け］をクリックするとコピーした書式が適用される

クロス集計表の書式設定をマスターすれば、ほかのグラフやチャートの書式設定も容易に行うことができます。

関連　新法則38 リスティング広告の主要指標で集計表の基本を理解する……………… P.124

新法則 61

エクスポート

ビューの外部利用には Excel/PDF出力で対応する

Tableauのワークシートは、ExcelファイルやPDFファイルとしての書き出しが可能です。表現力は減ってしまうので、割り切って使いましょう。

Excelでそのまま使える集計表を書き出せる

Tableauを利用し始めて間もない方や導入検討中の方から、「作成したビジュアライズはExcelにエクスポートできますか？」という質問をよく受けます。もちろんできますし、Excel（.xlsx）以外にもAccess（.mdb）、画像（.png）、PDFファイルへのエクスポートが可能です。例えば、以下のような用途に便利でしょう。

・Tableauで整形・加工したデータをもとに、Excelでグラフを作成する
・ビューを画像として書き出し、PowerPointのスライドに貼り付けてプレゼンで使う
・Tableauを使い慣れていないユーザーとPDFファイルでビューを共有する

ExcelファイルとPDFファイルでのエクスポート手順は次のページのとおりです。いずれも形式でも、実用上問題のない内容のファイルとして書き出されます。

フィルターやハイライトなどは失われてしまう

筆者もコンサルティング先のお客さまがTableauに慣れるまでは、こうしたエクスポートで対応していたことがあります。しかしながら、エクスポートしてしまうと、以下のようなTableauらしいユーザー側でのインタラクティブな操作がすべてできなくなります。

・フィルターによる分析目的に合わせた絞り込み
・日付や地域のドリルダウン／ドリルアップによる詳細レベルの変更
・ハイライト機能による特定のディメンションメンバーへの注目

こうした機能の利用価値は非常に高いため、筆者は現在ではエクスポートをほとんど行わなくなっています。Tableauには、作成したビジュアライズの共有はTableau ReaderやTableau Server、Tableau Onlineで行う、という設計思想があります。エクスポートはこうした実情を考慮したうえで、過渡的・暫定的に行うのがいいでしょう。

第3章　多彩な表現を使ったビジュアライズ

◆ Excelファイルとしてエクスポートする 061.twbx

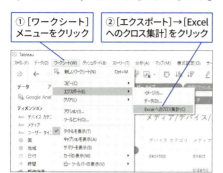

◆ PDFファイルとしてエクスポートする 061.twbx

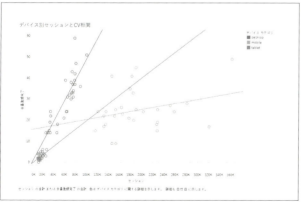

インタラクティブな操作ができる点は、Tableauの非常に大きなメリットです。エクスポートは次善の策としましょう。

関連 新法則70 ワークブックを共有する2つの方法を理解する ………………………………… P.198

■ 表情の異なるマップを描ける「Mapbox」

　新法則48などで触れた通り、Tableauでは地図を用いたビジュアライズが可能です。地理的役割を付与したディメンションをビューで利用すると、そのディメンションを「緯度」と「経度」に変換し、地図情報と重ね合わせることでマッピングを実現します。

　この地図情報はただの画像ではなく、「GIS」（Geographical Information System）に準拠した緯度・経度、国や州などの領域が含まれたデータです。「WMS」（Web Map Service）と呼ばれるプロトコルに従って、インターネット経由でTableauに取り込まれます。

　Tableau Desktopユーザーは、標準的にはTableauが用意したWMSから地図情報を取得することになりますが、実はインターネットの世界には有償・無償でWMSを展開している企業があります。中でもTableauと相性がいいのが「Mapbox」です。

　以下のビューはMapboxが無償で提供する6種類の異なるスタイルの地図に、「世田谷区の就労者一人あたりの収入」を、郵便番号の頭3桁をディメンションとして配置したものです。表情の異なる地図を使った色塗りマップをビジュアライズできることがわかります。

　地理的なデータの重要性が高い不動産業界などでは、こうした外部WMSを積極的に使って分析に役立てるのもいいでしょう。

URL Mapbox https://www.mapbox.com/tableau/

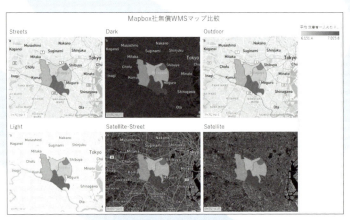

Mapboxの地図情報で作成した6種類の色塗りマップをまとめたダッシュボード。このデータはTableauに無償で追加できる。

第4章

ダッシュボードでの
一覧化と共有

本章では完成した複数のワークシートをとりまとめ、ひと目で状況を
把握するためのダッシュボードを作成します。ダッシュボードは
Tableau ServerやTableau Onlineで共有し、社内の情報基盤として
異常値の発見や意思決定に生かしましょう。

新法則 62

ダッシュボードの概要

見やすいダッシュボードの要件を理解する

一般にダッシュボードとは、複数の情報を1箇所にまとめて見やすくしたものを指します。BI分野のダッシュボードに求められる要件を見ていきましょう。

目的達成のための情報をひと目で理解できるようにする

データビジュアライズの世界的権威であるStephen Few氏は、著書『Information Dashboard Design, Second Edition』(Analytics Press、2013年) にて、BI分野におけるダッシュボードを以下のように定義しています。

「A dashboard is a visual display of the most important information needed to achieve one or more objectives that has been consolidated on a computer screen so it can be monitored at a glance.」

この文章からダッシュボードに求められる要件を抜き出すと、次の2点にまとめられるでしょう。以降の新法則ではダッシュボードの作成方法を解説していきますが、常にこの2点を自問しつつ、作業を進めてください。

①1つのコンピューター画面に集約され、ひと目で理解できる
②1つ以上の目的の達成に必要とされる、もっとも重要な情報のビジュアル表現である

最初から100点の出来を目指さなくてもいい

データのビジュアライズにおいて、ダッシュボードはもっとも重要な表現です。これまでに解説したテクニックを駆使して作成したワークシートも、究極的には「よいダッシュボードを構成するためのパーツ」に過ぎません。しかし、誰しも最初から「最高の」ダッシュボードを作ることは不可能です。作成し、関係者と共有し、フィードバックを受けて修正する、というプロセスを経て、徐々に完成度が高まっていきます。筆者がコンサルタントとして作成するダッシュボードにおいても、お客さまには「私が提出するダッシュボードの出来は、最初は80点です。そこから一緒に作り上げましょう」とお話しています。

第4章 ダッシュボードでの一覧化と共有

178 | できる

■「何のために見るのか」を明確に意識して作る

　下にある画面は、Tableauで作成したダッシュボードの例です。左側の「月次累計ユーザー数」と、右側の「月次ユーザー数」の2つのワークシートを組み合わせたもので、Webサイトの「ユーザー数」の動きがわかるものになっています。

　ダッシュボードの作成において、1つの画面に集約するだけなら誰にでもできます。作成者であるマーケターに問われるのは、何のために見るダッシュボードなのかを明確にしたうえで、必要かつ重要な情報をひと目でわかるレベルにまで絞り込むことです。

　この例では、「自社の持つ専門性を潜在的な顧客に知らせたい」という目的でWebサイトを運営しており、重要指標として「ユーザー数」を設定している企業で作られたダッシュボードをイメージしました。結果、次の2点を一瞥して理解でき、ダッシュボードに求められる要件を満たしていると思います。

直近のユーザー数は増えているのか？

　「月次累計ユーザー数」を見ると、ユーザー数は前月同日比でほぼ同じ達成度となっています。今月（2016年7月）初旬のペースは遅かったものの、中旬あたりから改善してきました。このまま運営すれば前月を上回ることは十分に可能である、とわかります。

ユーザー数の中長期トレンドはどうか？

　「月次ユーザー数」を見ると、2015年10月からユーザー数の増加が始まり、2016年6月、つまり前月に過去最高を記録しています。前述のとおり今月は前月を上回る可能性があり、過去半年以上にわたってWebサイトの目的が順調に達成されている、とわかります。

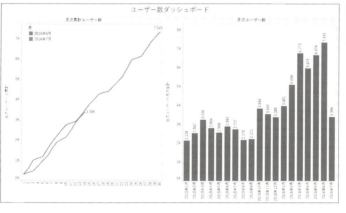

重要指標の動きを1つの画面で理解できる

ビジュアライズの最終的なアウトプットとなるダッシュボードは、Webサイトの目的をしっかり意識して作成に臨みましょう。

新法則 63

ダッシュボードの作成とワークシートの配置

ダッシュボードの各要素は画面を有効活用して配置する

ダッシュボードの基本操作として、ワークシートの配置方法を理解しましょう。「タイル」「浮動」の使い分けについても解説します。

■ レイアウトコンテナーを使ってワークシートをまとめる

ダッシュボードとしてまとめたい複数のワークシートが完成したら、新しいダッシュボードに配置していきます。ワークシートを適切に配置するには、「レイアウトコンテナー」をうまく使いましょう。

レイアウトコンテナーはダッシュボード上でワークシートやオブジェクト（新法則65を参照）をまとめ、サイズ変更や移動をしやすくします。次のページにある手順では、水平方向にワークシートを配置するためのレイアウトコンテナーを使い、ワークシートが横に3つ並んだダッシュボードを作成します。

なお、ここでは紙面の画面が見やすいように、ダッシュボードのサイズを［自動］に設定しています。これはTableau Desktopユーザーが使っているパソコンの画面に最適化する設定ですが、共有相手にとって見やすいサイズとは限らない点には注意が必要です。ダッシュボードのサイズについては、次の新法則64で解説します。

■ 「浮動」を使った配置でスペースを有効活用

ダッシュボードの基本的な配置が決まったら、次のページにある最後の画面のように［レイアウト］ペインを確認します。配置した水平方向コンテナー内に、水平・垂直の2つのコンテナーが作成され、3つのワークシートと凡例が配置されていることがわかります。これらのコンテナーごと、位置を入れ替えることも可能です。

標準ではワークシートや凡例は「タイル」という配置形式で並べられ、各要素がほかの要素と重ならず、整然と配置されます。ただ、次のページにあるダッシュボードを見ると、横方向が窮屈なわりに凡例が一定の幅を占め、凡例の下は大きく空いています。もう少し、レイアウトに工夫の余地があるようです。

こうした場合は配置形式を「浮動」にし、ほかの要素の上に重ねて配置できるようにしましょう。凡例を関連するグラフの空きスペースに配置すると、レイアウトがよりすっきりし、色の意味もわかりやすくなります。

◆ダッシュボードにワークシートを配置する 063.twbx

ダッシュボードに配置したいワークシートを作成しておく

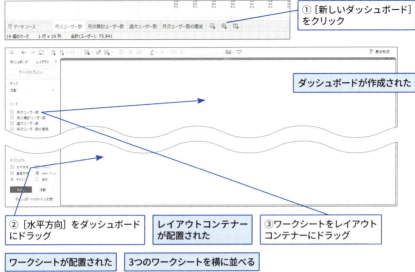

① [新しいダッシュボード] をクリック

ダッシュボードが作成された

② [水平方向] をダッシュボードにドラッグ

レイアウトコンテナーが配置された

③ ワークシートをレイアウトコンテナーにドラッグ

ワークシートが配置された　3つのワークシートを横に並べる

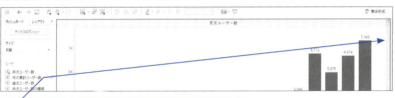

④ ワークシートを1つずつ、ダッシュボードの右端にドラッグ

3つのワークシートを配置できた　⑤ [レイアウト] をクリック　配置状態を確認できる

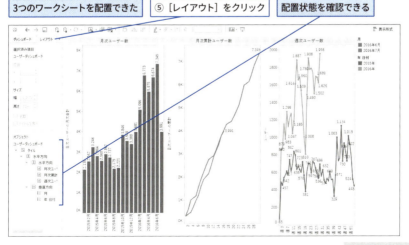

次のページへ

第4章 ダッシュボードでの一覧化と共有

できる | 181

◆ 凡例を空きスペースに配置する　063.twbx

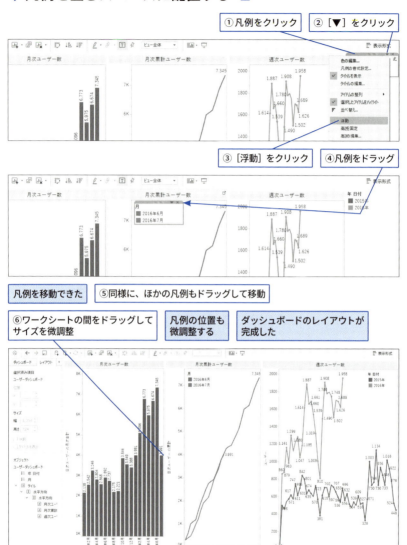

タイルと浮動を使い分けると、見やすいダッシュボードを作りやすくなります。特に凡例を浮動にすると有効なことが多いです。

関連 新法則65 ダッシュボードを補足する4つのオブジェクトを理解する……………………… P.186

新法則 64 ダッシュボードのサイズ変更とデバイス最適化
ダッシュボードのサイズは閲覧環境に合わせて定義する

社内に共有したダッシュボードは、さまざまな環境で閲覧されることになります。スマートフォンやタブレットも考慮したサイズの設定が重要です。

■ 紙への印刷を前提としたサイズも選択できる

情報を「ひと目で」理解できる、という要件を満たすため、ダッシュボードではサイズが重要です。サイズの設定には、以下の表にまとめた3種類があります。

主に利用するのは［固定サイズ］と［範囲］で、表の下にある画面のようにピクセルサイズで指定します。共有相手のパソコン、または印刷する用紙サイズに合わせて、ダッシュボードの一覧性が損なわれないサイズに設定しましょう。

◆ ダッシュボードのサイズの種類

種類	特徴
固定サイズ	指定したピクセルサイズで固定する。幅が決まっているWebページやブログへの掲載、A4/A3用紙などへの印刷を前提とする場合に選択する。
自動	表示する画面サイズに自動的にフィットする。ビジュアライズの共有を考えず、自分の環境だけでダッシュボードを作成・閲覧する場合に向いている。
範囲	最小または最大のピクセルサイズを指定し、その範囲内で自動変化する。社内のディスプレイが一定の解像度の範囲にあることがわかっている場合に最適。

●［固定サイズ］の設定

固定のピクセルサイズや用紙サイズを指定する

●［範囲］の設定

幅と高さの最小・最大ピクセルサイズを指定する

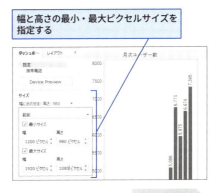

次のページへ

■ デバイスごとに最適化したサイズとレイアウトを定義

さらに、Tableau 10からは「DSD」（Device Specific Design）という概念がダッシュボードに加わりました。これはパソコン、スマートフォン、タブレットの各デバイス向けに、ダッシュボードのサイズからワークシートやオブジェクトの配置に至るまで、固有の設定を適用できる機能です。

Tableauで作成したワークシートやダッシュボードの共有環境としては、新法則72～76で解説するTableau ServerとTableau Onlineが推奨されます。これらの環境にパブリッシュしたビジュアライズは、パソコンのブラウザーはもちろん、iPhone/iPad、Android端末のブラウザーやTableau公式アプリからの閲覧が可能です。

しかし、前の新法則63で作成したダッシュボードを見ると、タブレットはまだしも、スマートフォンでは快適に閲覧できそうもありません。こうした場合に、スマートフォン向けのサイズとレイアウトの設定を適用するのがDSDになります。次の手順で、設定方法を見ていきましょう。

◆ iPhone向けのレイアウトを作成する　064.twbx

❶ デバイスのプレビューを表示する

①［ダッシュボード］をクリック　②［デバイスのプレビュー］をクリック

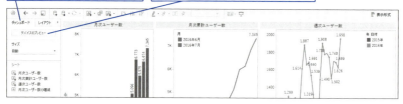

❷ レイアウトを追加する

①［デバイスのタイプ］で［携帯電話］を選択　②［モデル］で［iPhone 6s］を選択

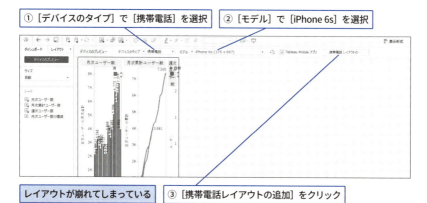

レイアウトが崩れてしまっている　③［携帯電話レイアウトの追加］をクリック

❸ ダッシュボードの高さを変更する

スマートフォン向けのレイアウトが作成された

3つのワークシートが縦に並んだダッシュボードにする

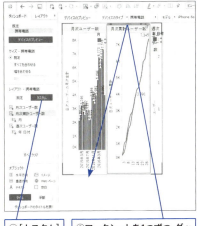

① ［カスタム］をクリック
② ワークシートを1つずつ、ダッシュボードの下端にドラッグ

ダッシュボードを縦にスクロールできるようにする

③ ［幅を合わせる］をクリック
④ ［高さ］にピクセルサイズを入力

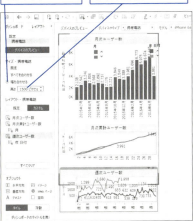

❹ レイアウトを調整する

ダッシュボードの高さが変更された

ワークシートのサイズや凡例の位置を調整

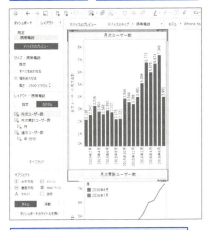

スマートフォン向けのレイアウトが完成した

TableauのiPhoneアプリなどでダッシュボードを閲覧できる

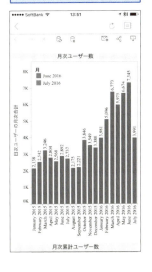

正確には「ひと目で」という要件から外れますが、スマートフォンには縦スクロールで見るダッシュボードのほうが端末の特性にマッチしていると思います。

関連 新法則63 ダッシュボードの各要素は画面を有効活用して配置する ……… P.180

第4章 ダッシュボードでの一覧化と共有

できる | 185

新法則 65

ワークシート以外のオブジェクトの配置

ダッシュボードを補足する
4つのオブジェクトを理解する

ダッシュボードにはワークシート以外にも、「テキスト」「画像」「Webページ」「空白」というオブジェクトを配置できます。ここではその活用例を紹介します。

■ 閲覧ユーザーのユーザビリティを高める

ダッシュボードの主役となるのはビジュアライズしたワークシートですが、脇役として4種類の「オブジェクト」を配置できます。これらの役割を理解することで、さらに使いやすく、見やすいダッシュボードを作成できます。

例えば、次のページの上にあるダッシュボードには「日付」のフィルターがありますが、共有相手がTableauについて習熟していない人だと、このスライダーで期間を調整できることに気付かないかもしれません。そうした場合に「テキスト」オブジェクトでフィルターの役割や利用方法を説明し、フィルターの近くに配置すると親切です。

オブジェクトを配置するには、次のページの下のように操作します。標準ではタイルとして配置されますが、浮動に変更して自由な位置に移動することも可能です。

■ 写真やWebページも配置できる

「イメージ」オブジェクトは、ダッシュボードに画像を貼り付けます。自社のロゴや商品、作成者の写真、ページの改善前・改善後のスクリーンショットなどを配置するといいでしょう。オブジェクトを配置した時点で画像ファイルを選択する画面が表示され、配置後は右クリックして［イメージを合わせる］でコンテナーにフィットします。

「Webページ」オブジェクトは、指定したURLのWebページをダッシュボードに埋め込みます。配置したときに表示される画面でURLを入力しましょう。オブジェクト自体がブラウザーになっており、リンクをクリックすればページが切り替わります。このオブジェクトはダッシュボード内のアクションと連携させ、動的にページが切り替わるようにすると効果的です。

「空白」オブジェクトはレイアウトの調整用です。オブジェクトは基本的にダッシュボード内の左上側に配置されるので、右側や下側に配置したいときは「空白」オブジェクトをスペーサー（間を埋めるもの）として使います。

◆ ダッシュボードにオブジェクトを配置した例　📄 065.twbx

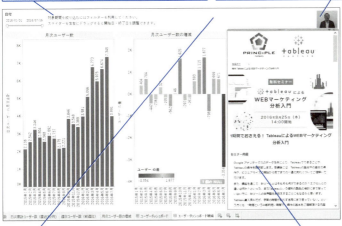

- ◆テキストオブジェクト
  ダッシュボードについて説明する文章を配置できる
- ◆イメージオブジェクト
  自社のロゴや作成者の写真などを配置できる
- ◆空白オブジェクト
  オブジェクト間に空白を作りレイアウトを調整できる
- ◆Webページオブジェクト
  ブラウザーを配置してWebページを表示できる

◆ ダッシュボードにテキストオブジェクトを配置する

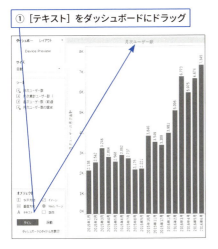

①［テキスト］をダッシュボードにドラッグ

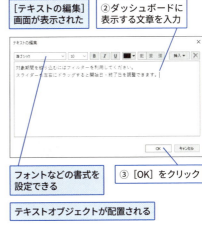

［テキストの編集］画面が表示された

②ダッシュボードに表示する文章を入力

フォントなどの書式を設定できる

③［OK］をクリック

テキストオブジェクトが配置される

第4章　ダッシュボードでの一覧化と共有

使い方のガイダンスを配置すれば、誰でも説明なしに利用できる「ひとり歩き可能な」ダッシュボードにできます。

関連　新法則67　キーワードやLPの分析にはページ確認用の仕掛けを作る　……… P.192

新法則 66

ダッシュボードのフィルターアクション

複数のシートを動的に絞り込むフィルターを用意する

ダッシュボード上にあるデータを絞り込みたいときは、ワークシートをフィルターの基準とし、複数のシートに同時適用するのが最適解になります。

■ ワークシートの操作でほかのワークシートを絞り込む

　ダッシュボードを作成できること自体、Excelと比較したTableauのアドバンテージといえますが、さらに決定的な違いもあります。それが、ダッシュボードでのインタラクティブな動作を実現する「ダッシュボードアクション」です。ここから3つの新法則で解説していきますが、まずは「フィルターアクション」を取り上げます。

　次の手順で登場するダッシュボードは、ディメンション「都道府県」を利用している3つのワークシートで構成されています。[日本地図]は地図の色でセッション数を表し、[量の指標]はセッション数などの棒グラフ、[質の指標]は直帰率などの棒グラフを表しているのですが、グラフはつぶれてしまって意味をなしていません。

　ここで地図のワークシートに対してフィルターアクションを使うと、地図上で選択した都道府県を基準に、残り2つのワークシートに対してフィルターが適用されます。結果、グラフは1つの都道府県に絞られ、つぶれずに表示できるようになります。

◆ フィルターアクションを設定する　📄 066.twbx

① ワークシートをフィルターとして使う

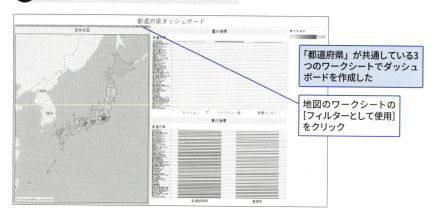

「都道府県」が共通している3つのワークシートでダッシュボードを作成した

地図のワークシートの[フィルターとして使用]をクリック

❷ ワークシートがフィルターとして設定された

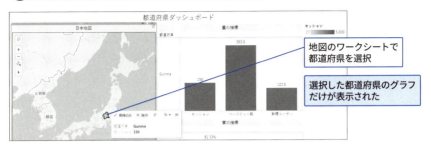

地図のワークシートで都道府県を選択

選択した都道府県のグラフだけが表示された

❸ アクションの設定画面を表示する

フィルターアクションを編集する

①[ダッシュボード]メニューから[アクション]を選択

[アクション]画面が表示された

②フィルターを選択　③[編集]をクリック

❹ アクションを設定する

[フィルターアクションの編集]画面が表示された

アクションの設定を変更できる

◆[フィルターアクションの編集]画面の設定項目

設定項目	説明
ソースシート	フィルターの選択元となるシート
ターゲットシート	フィルターの反映先となるシート
アクションの実行対象	**ポイント**：マウスポインターを合わせるとフィルターが適用される **選択**：クリックするとフィルターが適用される **メニュー**：クリックするとメニューが表示され、メニューの選択でフィルターが適用される
選択項目をクリアした結果	**フィルターを残す**：フィルターが適用されたままになる **すべての値を表示**：フィルターが適用されていない状態に戻る **すべての値を除外**：空白にする

次のページへ

1つのフィルターを複数のワークシートに同時適用

　もう1つ、フィルターアクションの実践例を紹介します。次の手順では「月次ダッシュボード」として、セッション数の棒グラフと直帰率の折れ線グラフを配置しています。

　この2つのワークシートを「デバイスカテゴリ」別に見るため、ダッシュボードにフィルターを表示したいのですが、元のワークシートではビューに「デバイスカテゴリ」を配置していないため、そのままでは設定できません。この場合、元のワークシートの［詳細］に配置することで、ダッシュボードのフィルターとして使えるようになります。

　さらに、ダッシュボードのフィルターは適用するワークシートを拡張でき、1つのフィルターで複数のワークシートを同時に絞り込めるようになります。

◆ 複数のワークシートにフィルターを適用する　066.twbx

❶ フィルターのメニューを確認する

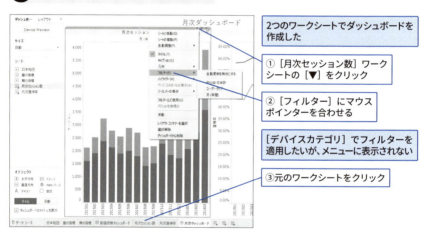

2つのワークシートでダッシュボードを作成した

①［月次セッション数］ワークシートの［▼］をクリック

②［フィルター］にマウスポインターを合わせる

［デバイスカテゴリ］でフィルターを適用したいが、メニューに表示されない

③元のワークシートをクリック

❷ ディメンションを配置する

①［デバイスカテゴリ］を［詳細］にドラッグ

②ダッシュボードをクリック

❸ フィルターとして設定する

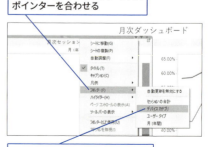

①同様に［フィルター］にマウスポインターを合わせる

②［デバイスカテゴリ］をクリック

❹ フィルターの設定画面を表示する

ダッシュボードにフィルターが表示された

この時点では［月次セッション数］ワークシートにしか適用されない

①［デバイスカテゴリ］のフィルターの［▼］をクリック

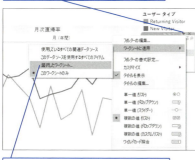

②［ワークシートに適用］→［選択したワークシート］をクリック

❺ 適用するワークシートを変更する

［ワークシートにフィルターを適用］画面が表示された

①［月次直帰率］にチェックマークを付ける

②［OK］をクリック

❻ フィルターアクションの動作を確認する

［デバイスカテゴリ］のフィルターで［mobile］だけにチェックマークを付ける

2つのワークシートにフィルターが適用された

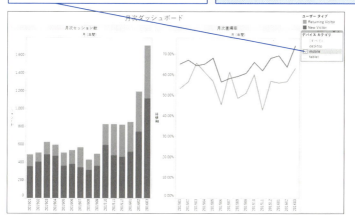

フィルターアクションは「TableauをTableauたらしめている」機能です。初めて目にした筆者のお客さまは、みな驚き、喜んでくれます。

関連 新法則67 キーワードやLPの分析にはページ確認用の仕掛けを作る ……………………… P.192

新法則 67

ダッシュボードのURLアクション
キーワードやLPの分析には ページ確認用の仕掛けを作る

自然検索キーワードやランディングページ（LP）の分析中、実際の検索結果などを見たくなるときがあります。「URLアクション」で解決しましょう。

■ 自然検索キーワードの「SERP」を即時表示

　自社のWebサイトに自然検索トラフィックをもたらしたキーワードで実際に検索すると、Yahoo!の検索結果ページ（SERP＝Search Engine Result Page）にはどのように表示されるのか？ SEO担当者なら、少なからず知りたい情報だと思います。SERPを見れば、そのキーワードがどの程度の順位で、ほかのどのようなWebページとともに表示されていたのかがわかり、ページのタイトルやディスクリプションが魅力的かどうかを評価できます。

　ダッシュボードアクションの2つ目「URLアクション」では、Googleアナリティクスから取得したディメンション「キーワード」と連携し、実際の検索結果を動的にダッシュボードに表示する例を紹介します。あらかじめYahoo!の検索結果ページのURLをコピーしておき、そのキーワード部分をURLアクションの変数に置き換え、選択したキーワードを変数に挿入したURLをWebページオブジェクトに表示する形で実現できます。

◆ キーワードを使ったURLアクションを設定する　　067.twbx

① Webページオブジェクトを配置する

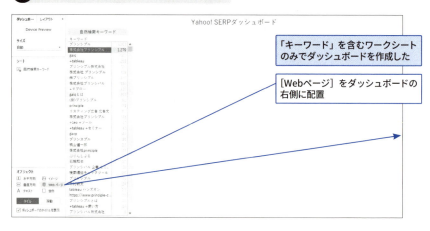

「キーワード」を含むワークシートのみでダッシュボードを作成した

[Webページ]をダッシュボードの右側に配置

❷ URL入力をスキップする

[URLの編集] 画面が表示された

空欄のまま [OK] をクリック

❸ アクションを追加する

① [ダッシュボード] メニューをクリック

② [アクション] をクリック

[アクション] 画面が表示された

③ [アクションの追加] → [URL] をクリック

❹ アクションを設定する

[URLアクションの追加] 画面が表示された

② Yahoo!の検索結果のURLを入力

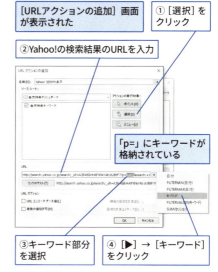

① [選択] をクリック

「p=」にキーワードが格納されている

③ キーワード部分を選択

④ [▶] → [キーワード] をクリック

変数「<キーワード>」に置換された

⑤ [OK] をクリック

⑥ [アクション] 画面で [OK] をクリック

❺ URLアクションの動作を確認する

ワークシート内のキーワードをクリック

選択したキーワードのYahoo!での検索結果が表示された

次のページへ

第4章 ダッシュボードでの一覧化と共有

できる | 193

実際のランディングページを見ながら検討できる

　URLアクションでもう1つ、実践的な使い方を紹介しましょう。ランディングページ(LP)ごとのセッション数と直帰率を集計表にし、各ページのパフォーマンスをチェックしているとします。そこで直帰率の高さが気になるページを見つけましたが、どのような内容のページだったのか思い出せません。次の手順のようにURLアクションを利用すれば、ダッシュボード内にランディングページを直接表示できます。

◆ LPを使ったURLアクションを設定する　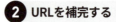 067.twbx

① アクションを設定する

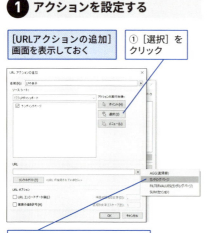

[URLアクションの追加]画面を表示しておく

①[選択]をクリック

②[▶]→[ランディングページ]をクリック

② URLを補完する

変数が入力された

①先頭に「https://」または「http://」と入力

②[OK]をクリック

③[アクション]画面で[OK]をクリック

③ URLアクションの動作を確認する

ワークシート内のランディングページをクリック

選択したランディングページが表示された

「それ、どんなページだったっけ？」は定例レポートの報告でもありがちです。URLアクションをうまく使って、ページ表示のストレスをなくしましょう。

新法則 68

ダッシュボードのハイライトアクション
混み合ったビジュアライズはハイライトの工夫で見やすくする

ダッシュボードに多数のディメンションメンバーがあるときは、ハイライトのアクションも有効です。状況に合わせてフィルターと使い分けましょう。

■ 集計表とグラフでお互いをハイライトできる

　ダッシュボードアクションの3つ目「ハイライトアクション」では、ワークシート同士を連携させたハイライトが可能です。次の手順にあるダッシュボードでは、左側の集計表でクリックしたページが、右側の折れ線グラフでハイライトされます。

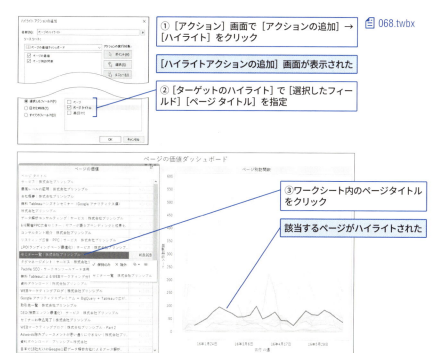

068.twbx

①［アクション］画面で［アクションの追加］→［ハイライト］をクリック

［ハイライトアクションの追加］画面が表示された

②［ターゲットのハイライト］で［選択したフィールド］［ページ タイトル］を指定

③ワークシート内のページタイトルをクリック

該当するページがハイライトされた

「ページ」はディメンションメンバーが多くグラフが混み合いがちですが、ハイライトの活用で特定のページに注目しやすくできます。

新法則 69

ストーリーの作成

流れで見せたいビューはストーリーとしてまとめる

作成者が意図した順序で、複数のビジュアライズを表示したいケースがあります。「ストーリー」でPowerPointのようなスライドを作成しましょう。

■ Tableauをプレゼンテーションツールとして使う

作成したワークシートやダッシュボードに一連の流れを持たせて、PowerPointのようなプレゼンをTableauで行える機能が「ストーリー」です。1人のマーケターが前面に出て、ビジュアライズを使った説明を行う機会などに向いています。

次の手順では、最終的に4つのワークシートを使ってストーリーを作成しています。PowerPointのスライドにあたる「ポイント」ごとにワークシートやダッシュボードを配置し、「キャプション」を付ける操作を繰り返していきます。

◆ ストーリーにワークシートを配置する　069.twbx

1 ストーリーを作成する

[新しいストーリー] をクリック

2 [タイトルの編集] 画面を表示する

ストーリーが作成された

[ストーリータイトル] をダブルクリック

3 タイトルを入力する

[タイトルの編集] 画面が表示された

①ストーリーのタイトルを入力

②[OK] をクリック

④ ワークシートやダッシュボードを配置する

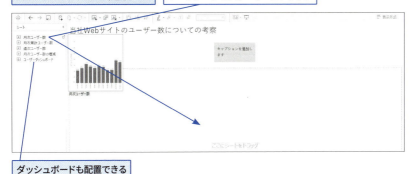

⑤ キャプションを入力して新しいポイントを作成する

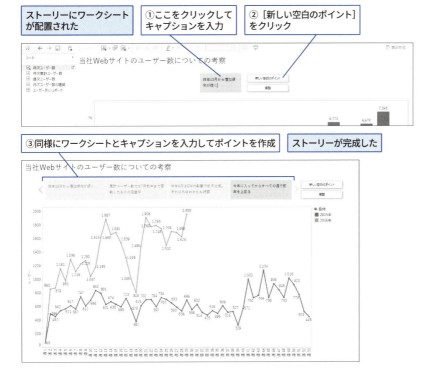

自分が口頭で説明できず、Tableauのファイルだけを提出しなければいけない場合にも、ストーリーは有効な手段になります。

新法則
70

ビジュアライズの共有

ワークブックを共有する
2つの方法を理解する

作成したビジュアライズは、社内で共有してアクションに結び付けてこそ意味があります。共有方法の種類と違いについて知っておきましょう。

■ ファイルで共有するか、クラウドで共有するか

Tableauを使って優れたビジュアライズを作成し、どれだけ有効な知見を得たとしても、組織で動いているビジネスでは、そこで完結することはありません。上長や同僚、顧客と共有し、理解してもらい、何らかのアクションを起こしてもらえて初めて、ビジュアライズや分析にかけた労力が報われ、仕事として成立します。この「組織での共有と理解」「アクションの実施」は非常に大切で、ビジュアライズの完成が、マーケターにとってのゴールだと考えてはいけません。

Tableauで作成したビジュアライズには、大きく分けて2つの共有方法があります。

①無償の「Tableau Reader」を使ったファイルでの共有

ワークシート、ダッシュボード、ストーリーと、データソースから抽出したデータを取りまとめたファイル「パッケージドワークブック」を、メール添付やオンラインストレージ、ファイルサーバーなどで共有する方法です。

Tableau Desktopからパッケージドワークブックを書き出す方法は、次のページを参照してください。閲覧ユーザーは、次の新法則71で解説する「Tableau Reader」を各自のパソコンにインストールしておき、拡張子「.twbx」を持つファイルを開いてビジュアライズを確認します。PDFにおける「Adobe Acrobat」（作成・編集アプリ）と「Adobe Acrobat Reader」（閲覧アプリ）の関係をイメージするとわかりやすいでしょう。

パッケージドワークブックの書き出しやファイル管理、Tableau Readerのインストールといった手間はかかりますが、そうした点を割り切ったうえで以下に該当する場合は最適な共有方法です。

・情報共有にあまりコストをかけられない
・ビジュアライズの共有対象が少人数（目安として5人未満）
・データの自動更新が不要。もしくは更新頻度が低い

第4章 ダッシュボードでの一覧化と共有

◆ パッケージドワークブックをエクスポートする

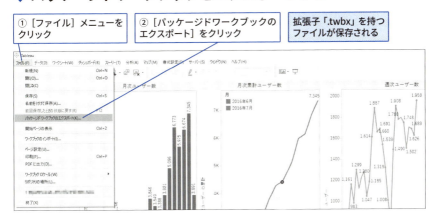

①[ファイル]メニューをクリック
②[パッケージドワークブックのエクスポート]をクリック
拡張子「.twbx」を持つファイルが保存される

②有償のサーバー製品を使ったクラウドでの共有

一方、次のようなニーズが社内にある場合は、サーバー製品をおすすめします。

- ビジュアライズの共有対象となる人数が多い(目安として5人以上)
- 誰にどのデータを見せるか、データセキュリティが重要
- データの自動更新が必要。もしくは更新頻度が高い

サーバー製品の選択肢としては、「Tableau Server」と「Tableau Online」の2種類があります。Tableau Serverはオンプレミス型、つまり自社サーバーや自社が契約したクラウドサービス上(Google Cloud Platform、Amazon Web Services、Microsoft Azureなど)での構築が前提となる製品です。Tableau Onlineはホスティング型で、Tableau社が独自のクラウドに構築済みのTableau Serverを年間契約で利用します。

これらのサーバーに対して、Tableau Desktopからワークブックをアップロードすることを「パブリッシュ」と呼びます。サーバーのアカウントを持つユーザーは、サーバー上にパブリッシュされ、自身が権限を持つワークシートやダッシュボードをWebブラウザーで確認できます。ブラウザーでも十分な表現力がありますが、スマートフォンやタブレットで使える専用アプリも用意されています。

本書ではTableau Onlineを中心に、サーバー製品を使った共有方法やサーバー上で利用できる機能を新法則72〜76で解説します。

Tableauのサーバー製品の利用は、データでアクションを起こす「データドリブン」な文化を社内に根付かせる推進力となります。

関連	新法則71 無償のリーダーアプリを社内共有に活用する	P.200
	新法則72 ブラウザーでアクセスできる分析環境を用意する	P.201

第4章 ダッシュボードでの一覧化と共有

新法則 71

Tableau Readerでの閲覧

無償のリーダーアプリを社内共有に活用する

PDFで共有するよりも、圧倒的に高い再現力でビジュアライズを伝えられるのがTableau Readerのメリットです。ハイライトやフィルターも動作します。

■ ハイライトやビューに組み込まれたフィルターも使える

　Tableau ReaderはTableau社のWebサイトからダウンロードでき、Tableau Desktopからエクスポートされたパッケージドワークブックのみを開けます。Tableauらしさの1つであるインタラクティブな操作が可能で、以下の機能はTableau Readerでも利用できます。

- ツールヒント：マウスポインターを合わせてメンバーや値の詳細を表示する
- ハイライト：色の凡例をクリックして該当するメンバーを目立たせる
- クイックフィルター：ビューに組み込まれたフィルターで絞り込む
- パラメーター：ビューに組み込まれたパラメーターでフィルターを適用する

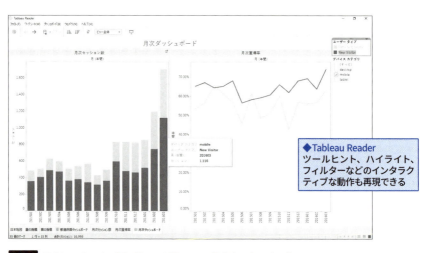

URL Tableau Reader http://www.tableau.com/ja-jp/products/reader

Tableau Readerはワークシートやダッシュボードのインタラクションを保持した、もっとも安価なビジュアライズの共有手段です。

新法則
72

Tableau Onlineへのパブリッシュ

ブラウザーでアクセスできる 分析環境を用意する

ビジュアライズの共有方法として、サーバー製品へのアップロードについて見ていきましょう。ブラウザーで簡単に分析できる環境が実現します。

共有しやすい環境でデータドリブンな文化を生む

ビジュアライズの共有において、Tableau ServerやTableau Onlineといったサーバー製品を導入する方法には、Tableau Desktopとは別に費用がかかるというデメリットがあります。しかし、それを上回るメリットもあります。

Tableauの価値を考えたとき、その1つに「優れたビジュアライズが行える」という点があるのは、もはや疑いようもないでしょう。ただ、実はもう1つ、「データ分析を運用のサイクルに乗せやすい」という価値があることも覚えておいてください。

一部のマーケターがワンショットでビジュアライズを作成しておしまい、ではなく、誰もが、いつでもどこでも、自分が権限を持つ範囲内で最新のビジュアライズに触れられるとともに、フィルターやパラメーターを活用した分析が各自で行える——。そうした体制を社内に作り上げ、組織全体としてデータドリブンな文化を推進していく、というところに、データの可視化を超えたTableauの役割があるように思います。

サーバーに「パブリッシュ」してワークブックを共有

ここから3つの新法則で、Tableauのサーバー製品を利用したビジュアライズの共有について解説していきます。操作手順や機能はTableau ServerとTableau Onlineで大きな違いはないため、本書ではTableau Onlineを例にします。Tableau Onlineへのパブリッシュの流れは、次のページ以降の手順を参考にしてください。

なお、パブリッシュするにはTableau Onlineの利用を契約したうえでユーザーアカウントを設定し、自分にパブリッシュの権限が付与されていることが必要になります。パブリッシュの設定画面では最初に［プロジェクト］を選択しますが、これは1つのサイト配下で複数のワークブックを保存する際に、フォルダーの機能を果たします。

第4章

ダッシュボードでの一覧化と共有

次のページへ

できる | 201

◆ワークブックをパブリッシュする

❶ [Tableau Serverサインイン] 画面を表示する

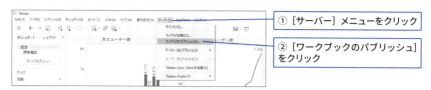

① [サーバー] メニューをクリック
② [ワークブックのパブリッシュ] をクリック

❷ Tableau Onlineにサインインする

[Tableau Serverサインイン] 画面が表示された

① [Tableau Online] をクリック

次回からは [サーバー] から [Tableau Online] を選択できる

② Tableau Onlineのアカウントとパスワードを入力
③ [Sign In] をクリック

❸ パブリッシュの設定をする

[Tableau Onlineにワークブックをパブリッシュ] 画面が表示された

① Tableau Onlineでの名前を入力

② [データソース] の [編集] をクリック
[データソースの管理] が表示された

データソースを分離し、ほかのユーザーが利用できるようにする

③ [個別にパブリッシュ] を選択
④ [認証情報を保存] を選択

④ パブリッシュを実行する

パブリッシュの設定が完了した

①[ワークブックと○個のデータソースのパブリッシュ]をクリック

自動更新を許可するため、Googleアナリティクスにサインインする

Webブラウザーが起動し、Tableau Onlineが表示された

②[パブリッシュの完了]画面で[完了]をクリック

パブリッシュしたワークブックが表示された

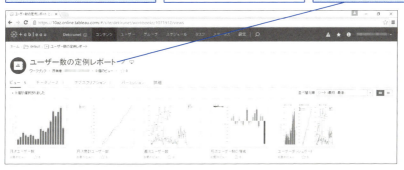

Tableau Online上でのデータソースの扱い方を選択できる

　ここでの手順では、データソースの[パブリッシュのタイプ]として[個別にパブリッシュ]を選択しました。この場合、ワークブックとデータソースが分離された状態でパブリッシュされるため、ほかのユーザーはTableau Online上のデータソースをもとに、まったく別のビジュアライズを作成することも可能になります。標準の設定である[ワークブックに埋め込み]では、ワークブックとデータソースは不可分になります。

Tableau Onlineには14日間の無料トライアルもあります。自分でサーバーを構築する必要はないので、ぜひ一度体験してみてください。

関連 新法則75 定期レポートはサーバーでの自動更新を設定する ……………………………… P.208

第4章　ダッシュボードでの一覧化と共有

できる | 203

新法則 73

Tableau Onlineでのユーザー設定

ビジュアライズの共有には
閲覧ユーザーを作成する

Tableau Onlineにパブリッシュしたワークブックを社内外の関係者と共有するには、
適切な権限を付与したデータの「閲覧ユーザー」を作成します。

閲覧のみを許可する新規ユーザーを用意

　Tableau Online（Tableau Serverも含む）でビジュアライズを共有するには、Tableau
Desktopユーザー（マーケター／ビジュアライズの作成者）以外に、最低1人の「閲覧ユー
ザー」をTableau Online上に作成する必要があります。Tableau Onlineの最初のユーザー
は、「サイト管理者」としてユーザーを作成する権限を持ちます。ここではTableau
Desktopユーザーをサイト管理者と想定し、ユーザーの作成方法を解説します。

　新規ユーザーの作成にあたっては、Tableau Onlineのユーザーに付与される「サイト
ロール」についての理解が必要です。サイトロールとは、ユーザーがTableau Online上
で行える閲覧・操作・パブリッシュなどの権限（パーミッション）の「最大値」を決め
るもので、どのユーザーも、サイトロールを超える範囲のパーミッションを持つことはで
きません。サイトロールの種類と権限の内容は以下の表のとおりです。

◆ ユーザーのサイトロールと権限

サイトロール	付与される権限			
	Webアクセス	操作	パブリッシュ	管理
サイト管理者	○	○	○	○
パブリッシャー	○	○	○	—
インタラクター	○	○	—	—
ビューアー	○	—	—	—
ライセンスなし	—	—	—	—
ビューアー（パブリッシュ可能）	○	—	○	—
ライセンスなし（パブリッシュ可能）	—	—	○	—

権限	内容
Webアクセス	Tableau Onlineにあるワークブックの閲覧
操作	ワークブック内のフィルター、パラメーター、ハイライターなどのコントロールの利用
パブリッシュ	Tableau Desktopで作成したワークブックのTableau Onlineへのアップロード
管理	ユーザーの作成、ユーザーへのパーミッションの付与を含むすべての設定

第4章 ダッシュボードでの一覧化と共有

標準的なサイトロールは「インタラクター」

　データの閲覧ユーザーに付与する標準的なサイトロールとしては、「ビューアー」ではなく「インタラクター」が適当です。これはフィルターやパラメーターなど、ビューにおけるインタラクティブな操作を許可するためです。次の手順のようにユーザーを作成すると、対象となるユーザーは受信したメールのガイダンスに従って、Tableau Online上にアカウントを開設できるようになります。

　なお、Tableau Onlineでは、さらに複雑なパーミッションの設定も可能です。例えば、インタラクターのユーザーに対して特定のプロジェクト配下にあるワークブックは閲覧させたくない場合、プロジェクトに対するパーミッション設定で、そのユーザーによるワークブックおよびデータソースへのアクセスを制限できます。

◆「インタラクター」の新規ユーザーを作成する

Tableau Onlineにおける情報統制は、ユーザー単位やコンテンツ単位で非常に細かく行えます。大きな組織での利用にも対応可能です。

関連　新法則72　ブラウザーでアクセスできる分析環境を用意する……………… P.201

新法則 74

Tableau Onlineでのワークブックの作成・編集

パブリッシュ済みのデータはオンラインで手直しする

Tableau Onlineにもワークブックの作成・編集機能が用意されています。条件を満たせば、Tableau Desktopユーザーでなくてもビューの編集などが可能です。

■ Tableau Onlineの閲覧ユーザーでも作成・編集が可能

　Tableauでのビジュアライズの作成には、最低でも1人のTableau Desktopユーザーが必要であり、Tableau Online（Tableau Serverも含む）のアカウントだけを持つユーザーが作成することはできません。ただし、Tableau Online上で「インタラクター」以上のサイトロールを付与されている閲覧ユーザーなら、Tableau Desktopのアカウントを持っていない人でも、Tableau Onlineにおいて以下の操作が行えます。

- Tableau Desktopからパブリッシュ済みのデータソースに基づくワークブックの作成
- Tableau Desktopからパブリッシュ済みのワークブックの編集と別名保存

　多少の機能制限はありますが、フィルターの適用や計算フィールドの作成も可能で、反応速度も実用上問題のないレベルです。ちょっとしたビジュアライズやデータの検証、既存のワークブックの手直しなどに活用するといいでしょう。

◆ データソースからワークブックを作成する

Tableau Onlineにパブリッシュ済みのデータソースを表示しておく

［新しいワークブック］をクリック

新しいワークブックが作成された

取得済みのディメンションとメジャーでビジュアライズが行える

◆ワークブックを編集して別名で保存する

1 新しいワークシートを追加する

Tableau Onlineにパブリッシュ済みのワークブックを開いておく

①［編集］をクリック

ワークブックを編集できる状態になった

②［新しいワークシート］をクリック

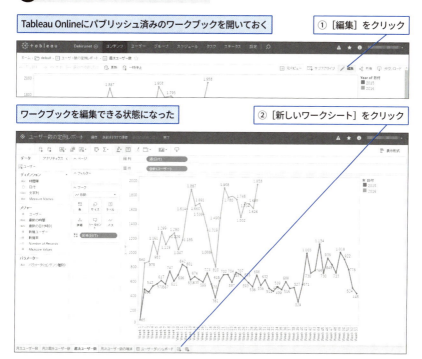

2 保存画面を表示する

追加したワークシートでビューを作成した

［名前を付けて保存］をクリック

3 別名で保存する

［ワークブックの保存］画面が表示された

Tableau Online上に新しいワークブックとして保存できる

ビジュアライズの作成ユーザーにはTableau Desktopを強くおすすめしますが、閲覧ユーザーが割りきって利用するには便利な機能です。

第4章 ダッシュボードでの一覧化と共有

できる | 207

新法則 75

Tableau Onlineでのデータ更新の自動化
定期レポートはサーバーでの自動更新を設定する

Tableau Readerでのtwbxファイルの共有では不可能なデータの自動更新を、サーバー製品なら実現できます。パブリッシュと更新の設定を理解しましょう。

■ データソースに定期接続してビジュアライズを自動更新

　抽出ファイルについて解説した新法則14では、データの更新についても触れました。Tableau Desktopでデータの更新を行う場合、ワークブックを作成したユーザーが都度、下にある手順のように抽出の更新を行う必要があります。その作業は付加価値のないルーチンワークなので、本来、自動化すべきでしょう。

　ただし、データの定期的な自動更新は、Tableau Readerを利用したファイル共有では実現できません。Tableau ServerまたはTableau Onlineが必要で、サーバー上にパブリッシュしたワークブックにおいて自動更新が実行されます。

　自動更新にはデータソースからすべてのデータを取得し直す「完全更新」と、データが増えた分だけを取得する「増分更新」があります。データが大きい場合、例えば過去1年以上にわたって複数のディメンションのデータを取得するような場合は増分更新にすることで、更新にかかる時間を短縮できます。

　次のページでは、Googleアナリティクスをデータソースとするワークブックで自動更新の設定を行う手順を解説します。こうした定例レポートを社内で共有している場合、いつでもビジュアライズを最新の状態に保てるようになります。

◆ Tableau Desktopでデータを更新する

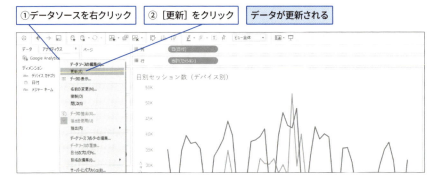

◆ Tableau Onlineでデータを自動更新する

① Googleアナリティクスに接続する

[データソース] ページを表示しておく

[日付範囲] で [固定の開始日] を選択

[シート1] をクリックしてビジュアライズを作成する

② ワークブックをパブリッシュする

[Tableau Onlineにワークブックをパブリッシュ] 画面を表示しておく

① [データソース] で [認証情報を保存] を選択

② Tableau Onlineにワークブックをパブリッシュ

③ [更新のスケジュール] をクリック

③ 更新スケジュールを設定する

[抽出の更新スケジュール] 画面が表示された

① 更新したいタイミングを選択

② [更新のスケジュール] をクリック

[完全更新] と [増分更新] を選択できる

③ [スケジュールの更新] をクリック

[更新タイプ] に [完全更新] と表示されている

自動更新を設定できた

自動更新にするだけで、ユーザー間でのビジュアライズの利用は非常に活発になります。データ共有にはTableau Onlineの利用が必須です。

第4章 ダッシュボードでの一覧化と共有

新法則 76

相対日付フィルターとTableau Onlineでの自動更新

常に「直近31日間」の表示で定期チェックを効率化する

毎日指標をチェックしているマーケターにとって、「直近31日間」という期間設定は重要です。Tableauで実現する方法を見てみましょう。

■ 指定した日数だけさかのぼった期間で自動更新

　Googleアナリティクスを毎日見ているマーケターは非常に多いと思います。よって、Googleアナリティクスの標準のレポート期間である「直近31日間」が、指標の多い少ないを判断する基準として身にしみついている人もいるかもしれません。

　Tableauで直近31日間を表示したい場合、通常の方法では固定期間として抽出するか、もっと長い期間を抽出して日付のフィルターを適用することになりますが、翌日になったら、また同じことをしなければなりません。これを避けるには、ビジュアライズを閲覧しているまさにその日を起点とする「相対日付フィルター」を適用します。

　次の手順は「2016年8月9日」時点で相対日付フィルターを設定している例です。「2016年7月1日から昨日まで」という開始日を固定した日付範囲でデータを取得し、相対日付フィルターを適用すると、今日を起点とした直近31日間のビジュアライズになります。

　ただし、Tableau Desktopではデータの手動更新が必要になるので、これだけでは不十分です。前の新法則75を参考にTableau ServerやTableau Onlineにパブリッシュし、データの自動更新を設定することで、常に直近31日間の表示が実現します。次のページの最後にある画面では、パブリッシュしたワークブックを「2016年8月24日」に閲覧していますが、直近31日間でビジュアライズされていることがわかります。

◆ Tableau Onlineで「直近31日間」を表示する

① Googleアナリティクスに接続する

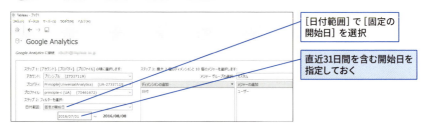

❷ 相対日付のフィルターを適用する

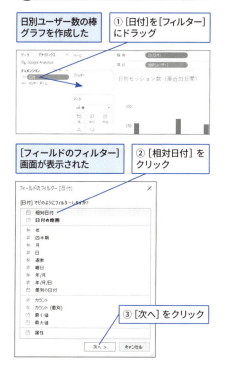

❸ 相対日付の日数を指定する

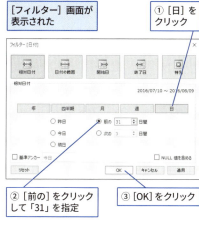

❹ Tableau Onlineで自動更新される

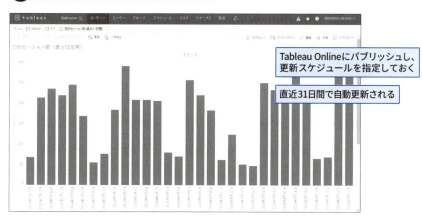

ビジュアライズの要諦は「必要なデータ」だけを対象とすることです。意思決定の邪魔になるデータは、なるべく効率的に除外しましょう。

■ 時には使いたいチャーミングなビジュアル表現

　ダッシュボードを作成するにあたっては、当然ながら、ビジネス上の意志決定が一瞬でできるような実用性の高い表現を目指していきます。そのために我々は日々、Tableauのスキルを磨くわけですが、時には「それほど実用性はないけどチャーミング」なビジュアライズを見てもらいたくなることがあります。その代表格が「バブルチャート」と「キーワードクラウド」です。

　バブルチャートは、ディメンションメンバーごとに割り当てられた「円」の大きさと色でメジャーを表現する方法です。キーワードクラウドは、ディメンションメンバーの文字列をフォントの大きさや色で表現します。具体例と作成方法は以下のとおりです。

　いずれの表現にも、すべてのディメンションメンバーが見えない、定量的な比較ができないといった「突っ込みどころ」があるのですが、閲覧者の関心を引く、という役割にはピッタリな場合があります。ビジュアライズの引き出しに加えてみてください。

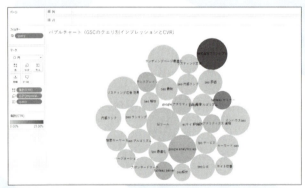

●バブルチャート
［データ］ペインでディメンションとメジャーを選択し、［表示形式］から［パックバブル］を適用するとビジュアライズできる。

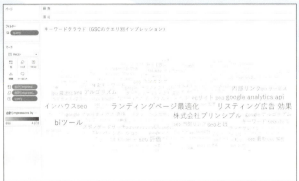

●キーワードクラウド
ディメンションを［テキスト］に、メジャーを［サイズ］と［色］に配置し、［マーク］を［テキスト］に変更するとビジュアライズできる。

第5章

知見を導く
高度なビジュアライズ

Tableauでは、集計表を作らずに構成比や移動平均の計算を行ったり、日別の表を月別の表に閲覧者が自由に変更できたりなど、Excelでは難しい表現が可能です。そうしたビジュアライズを駆使して、データに潜む意味を発見していきましょう。

新法則 77

簡易表計算による累計の表現

月途中のアクションは 指標の「累計」から判断する

月や四半期で設定された目標値の達成度は、「累計」でビジュアライズすれば明らかにできます。KGIのモニター（監視）に活用しましょう。

■ 集計期間の途中で打つべきアクションを判断

自社サイトを訪問したユーザーによるアクションのうち、「購入」「資料請求」「会員登録」「問い合わせ」といったビジネス上の目標となる定量的な指標を「KGI」（Key Goal Indicator）と呼びます。リスティング広告にしても、Googleアナリティクスにしても、KGIはマーケターがもっとも関心の高い指標といえるでしょう。

そのKGIをコンバージョン（CV）として毎日モニターしているマーケターは多いと思いますが、日別の値（合計）だけでなく「累計」もモニターすることをおすすめします。月が締まったときのおおよその着地点を予想したり、月ごとの目標に対する達成度を把握したりできるため、月の途中で好不調を判断し、マーケティング活動を強化する、もしくは追加の施策は行わない、といったアクションを実施できるようになります。

■ 通常の日別グラフに累計を加えた二軸がおすすめ

ここから4つの新法則にわたって解説する「簡易表計算」は、Tableauが集計した仮想の表から値を取り出し、ビジュアライズするテクニックです。次のページにある手順のように「日別コンバージョン数」をビジュアライズすると、通常は日別のコンバージョン数を表した折れ線グラフがビューに描画されます。

一方で、Tableauは列方向に日付が並び、日付の1行1行にコンバージョン数が記載された集計表も仮想的に作成しています。簡易表計算では、その集計表を使ってコンバージョン数の累計を計算して値を取り出す、といったことを行います。以後、簡易表計算で思い通りの値が取り出せないとき、その仮想の表が何を行・列にとっているのかをイメージすることで解決できる場合があるため、頭の隅に置いておいてください。

概念は少し複雑ですが操作自体は簡単で、シェルフに配置したメジャーで［累計］の簡易表計算を実行するだけです。推移の好不調と併せて日別のパフォーマンスも確認できるよう、折れ線グラフを二軸で描くのも有効で、累計のラベルは終点だけに表示したほうがすっきりするでしょう。

◆ 日別コンバージョン数に累計を加える　077.twbx

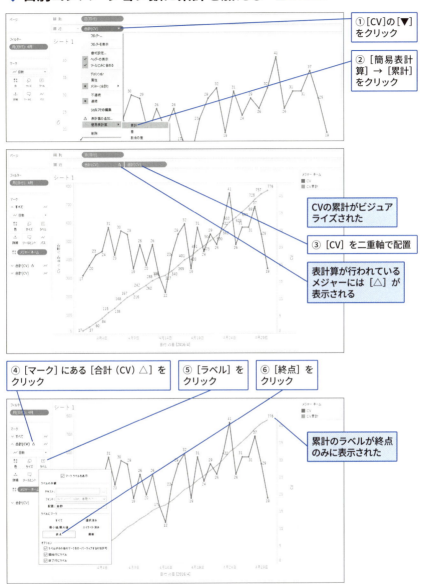

① [CV] の [▼] をクリック

② [簡易表計算] → [累計] をクリック

CVの累計がビジュアライズされた

③ [CV] を二重軸で配置

表計算が行われているメジャーには [△] が表示される

④ [マーク] にある [合計 (CV) △] をクリック

⑤ [ラベル] をクリック

⑥ [終点] をクリック

累計のラベルが終点のみに表示された

累計はリスティング広告の管理画面やGoogleアナリティクスではできない表現です。KGIの「進捗確認」に利用しましょう。

関連　新法則40　複数の指標の変動は二重のグラフで表現する……………… P.128

新法則
78

簡易表計算による構成比の表現

実数と構成比を並べて
正しい傾向を把握する

チャネルやメディアなどの構成比が、サイトに起きている事象を端的に表すことがあります。簡易表計算を利用してビジュアライズし、実数と比較してみましょう。

■ 2つの積み上げ棒グラフを1つのビューにまとめる

次のページの上にある手順は、月別セッション数をチャネル別の積み上げ棒グラフとしてビジュアライズしたものです。2015年10月からセッション数が増加傾向にあり、中でも「Organic Search」が大きく貢献しているようです。

このビジュアライズで簡易表計算を利用し、構成比を表現したグラフを加えて上下に並べてみると、セッション数の増加に貢献したOrganic Searchは、実は構成比としては下がり続けているという気付きが得られます。実数と構成比を1画面に並べたビジュアライズは、こうした事実の発見に有効です。なお、積み上げ棒グラフでの構成比の表現は、新法則50で解説した［分析］メニューを使う方法も利用できます。

■ 検索クエリの順位分布の把握にも使える

ほかのデータへの応用例として、Google Search Consoleで取得できるクエリごとの順位があります。個別のクエリについての順位ではなく、「1位〜3位」「4位〜10位」などの順位の分布について、月ごとの変化をビジュアライズする形です。

次のページの下にある画面で、上段のグラフは計算フィールドで作成したディメンション「順位分類」ごとのレコード数（データベースの行数。この例ではクエリ数）を表現しています。月を経ることに、記録されるクエリ数が増えていることがわかります。

下段は順位分類ごとの構成比です。1位〜10位のいわゆる検索結果1ページ目のクエリの比率は若干減少しており、11位〜30位程度のほうが増えています。それらが1ページ目に入ってくれば、大きなトラフィック源になると予測できるでしょう。

●順位分類

```
IF [kw_position] <4 THEN "1位〜 3位"
ELSEIF [kw_position] < 11 THEN "4位〜 10位"
ELSEIF [kw_position] < 30 THEN "11位〜 30位"
ELSE "31位以上"
END
```

検索クエリをグルーピングしている計算フィールド。［色］に配置して棒グラフを分割し、積み上げ棒グラフを表現している。

第5章　知見を導く高度なビジュアライズ

216 | できる

◆ 月別セッション数に構成比を加える　📄 078.twbx

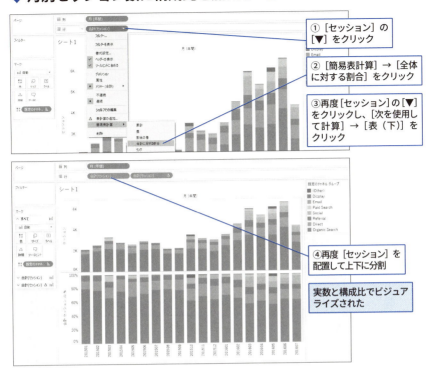

◆ 構成比を加えた月別クエリ数を作成する

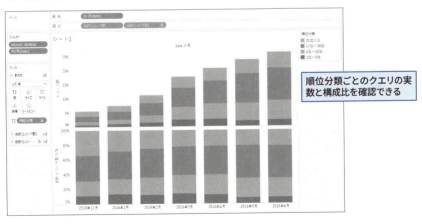

実数と構成比のグラフは、別々に見ていると正しい傾向に気付きにくいものです。両方を1つのビューで表現するのが理想的です。

新法則 79

簡易表計算による移動平均の表現

中期的な時系列データは移動平均で可視化する

数年にわたって推移を見たい場合、月別などにして日付の粒度を大きくするのではなく、日別の移動平均で滑らかなグラフを描く方法もあります。

■ 今までの傾向を振り返って施策の方向性を確かめる

日々の指標と向き合い、PDCAをできるだけ速く回すのが現場のマーケターの本業ですが、中期的な振り返りにも意味があります。「今の方針や施策は、長い目で見て本当に妥当なのか?」を判断するために、どうしても必要な視点だからです。

そのような中期的なトレンドを振り返るのに有効なのが「移動平均」です。移動平均とは「日別の○○」といった時系列のデータを平滑化する手法のことで、<u>長期にわたるトレンドをわかりやすく表現</u>できます。

以下の例は、2014年1月1日から2016年6月30日までの日別セッション数を、デバイスカテゴリで色分けした折れ線グラフです。グラフのギザギザが激しすぎて、大きなトレンドを把握するのが難しくなっています。ここでセッションを1週間の移動平均(現在の値と、前の6つの値の平均)にすると、ギザギザが弱まって読み取りやすくなります。

応用例として、4週間(現在の値と、前の27つの値の平均)の移動平均で表したセッションを二重軸で配置し、軸を同期したのが次のページの最後にある画面です。2つの移動平均が濃淡で重なり、よりはっきりしたトレンドラインを描いています。

◆ 日別セッション数を移動平均で表現する　📄 079.twbx

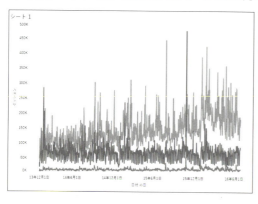

- 日別セッション数の折れ線グラフを作成した
- 期間が長いためギザギザが激しく、読み取りにくい

❶ 移動平均を計算する

①［セッション］の［▼］をクリック

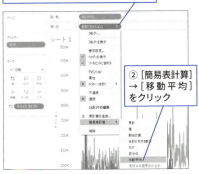

②［簡易表計算］→［移動平均］をクリック

❷ 表計算を編集する

①再度［セッション］の［▼］をクリックし、［表計算の編集］をクリック

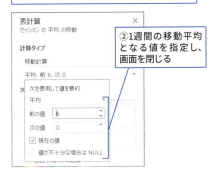

②1週間の移動平均となる値を指定し、画面を閉じる

❸ グラフが移動平均で表現された

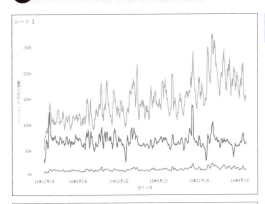

日別セッション数が1週間の移動平均で表現された

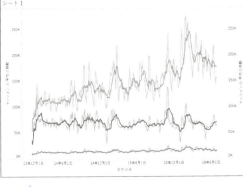

さらに4週間の移動平均を二重軸で配置すると、グラフが濃淡で表現される

平日と週末で値が大きく異なる指標の移動平均は、すべての曜日を均等に含むように7の倍数となる日数を指定するときれいに描画できます。

新法則 80

簡易表計算によるランクの表現

ページビュー数の多い記事はランキングチャートで推移を見る

「ページビュー数の推移」ではなく「ページビュー数が多い記事のランキングの推移」を表現するには、簡易表計算の「ランク」が役立ちます。

■ サイト内で重要度が高い記事の入れ替わりを見る

ページ別のパフォーマンスを確認するとき、「ランキング」がマーケターに示唆するのは「重要度の変化」です。Googleアナリティクスの[すべてのページ]レポートを思い浮かべてください。デフォルトではページビュー数が多い順に10件、つまりランキング形式で重要度の高いページが表示されています。

しかし、[すべてのページ]レポートではランキングの変化をトレースできません。「今週1位のページは先週も先々週も1位だったのか?」「今週8位のページは徐々に上がってきて8位なのか、下がってきて8位なのか?」といった動きはわからないのです。

それをTableauで表現するには、簡易表計算の「ランク」を使ってランキングチャート(ダンプチャート)を作成します。次の手順ではまず、不連続の週ごとに「ページビュー数」で折れ線グラフを描き、「ページ」で色分けしています。ページはページビュー数のトップ10でフィルターを適用しました。これをランクの表現に変更し、縦軸を反転して1位を上に持ってくるとランキングチャートが完成します。少々美しさに欠けますが、ページビュー数をサイズ(線の太さ)で表すと、より情報量の多いグラフになります。

◆ 週別PV数のランキング推移を表現する　080.twbx

❶ ランクを計算する

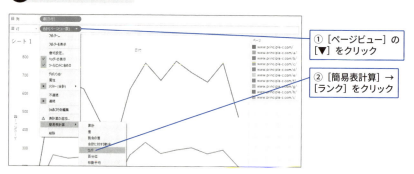

① [ページビュー]の [▼] をクリック

② [簡易表計算]→ [ランク]をクリック

❷ [軸の編集] 画面を表示する

グラフがランキングの推移に変化した

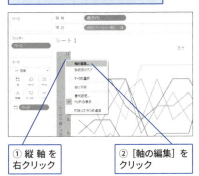

① 縦軸を右クリック　② [軸の編集] をクリック

❸ 縦軸を反転させる

[反転] にチェックマークを付け、[OK] をクリック

❹ ランキングチャートが完成した

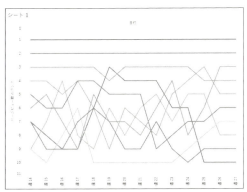

縦軸が反転し、1位が上になった

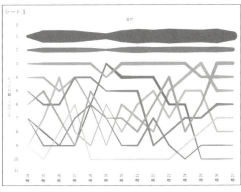

[ページビュー数] を [サイズ] に配置

ページビュー数が線の太さで表現された

商品別の購入数や売上金額でランキングチャートを作成すると、在庫や価格に関する施策を立案するうえでのヒントが得られます。

新法則

81

セットによる貢献度の分析

特定コンテンツのCV貢献度は
セットで分けて比較する

「あるコンテンツを見たユーザーがコンバージョン（CV）しているか？」は、コンテンツマーケティングなどの施策で重要です。セットで明らかにしましょう。

■ ヒットベースのデータに基づいてセットを作る

Googleアナリティクスが導入されているサイトでは、訪問したユーザーのブラウザーに「_ga」という名前のファーストパーティ Cookieがセットされます。その値はブラウザーごとにユニークなIDとなり、個々のユーザーの行動を記録する目印になります。また、ユーザーがページビューやイベントを発生させた時刻をJavaScriptで取得し、タイムスタンプとしてトラッキングビーコンに含めることもできます。

こうした「ヒットベース」のデータを取得できるようGoogleタグマネージャで設定し、ユニークなIDとタイムスタンプをカスタムディメンションに格納しておくと、「フルカスタマージャーニー」とでも呼べるビジュアライズが可能になります。下の画面にある「uid」はCoolieの値、「タイムスタンプ」はヒットの年月日時刻が格納されたカスタムディメンションで、かなり詳細にユーザーのジャーニーを捉えられています。

このヒットベースのデータとTableauの「セット」を利用すると、特定コンテンツのコンバージョン貢献度の分析が行えます。次のページにある手順では、サイト内の「/consultants/」配下にあるページを閲覧したユーザーを抽出してセットを作成し、IN/OUTでCVRを比較しています。この例ではINのほうが1.7ポイント以上高いため、対象ページがコンバージョン獲得に貢献していると考えられます。

第5章

知見を導く高度なビジュアライズ

あるユーザーの初回訪問、コンバージョン、閲覧ページなどを詳細に記録できる

222 | できる

◆セットを利用してCVRへの貢献度を比較する

① セットもとになるデータを集計表にする

「uid」を含む集計表を作成し、フィルターを適用した　　すべての行を選択しておく

① 選択した行にマウスポインターを合わせる
② ［セット］→［セットの作成］をクリック

② セットを作成する

① セットの名前を入力

② ［ページ］にマウスポインターを合わせて［×］をクリック
③ ［OK］をクリック

③ 計算フィールドを作成する

メジャー「ユーザー数」と「CVR（ユーザー数ベース）」を計算フィールドで作成

● ユーザー数

COUNTD([uid])

● CVR（ユーザー数ベース）

SUM([目標1完了])/[ユーザー数]

④ セットで集計表を作成する

新しいシートでセットを含む集計表を作成した

IN/OUTでコンバージョン率を比較できる

コンバージョン獲得への貢献度が高いページがわかれば、そのページへの誘導を強める施策やUIを考えるなどのアクションに結び付けられます。

関連 新法則28 条件でまとめられる項目はセットで分類する……… P.86

新法則 82

ブレットグラフによる予実差異の分析
目標への到達度はブレットグラフで表現する

あらかじめ設定した目標値と実績値との差異は、「ブレットグラフ」で表すと一目瞭然です。データのブレンドを行いつつビジュアライズしてみましょう。

■ 実績の棒グラフに目標のラインと分布帯を重ねる

「ブレットグラフ」と聞いて、形状がすぐに思い浮かぶ人は少ないかもしれません。これは棒グラフの派生形で、2つの指標を比較するのに適した表現です。予算と実績、昨年と今年の比較に用いられることが多く、欧米ではかなりポピュラーなようです。

次の手順では、Googleアナリティクスから取得した「ユーザー」と、Excelファイルに記録した「目標ユーザー数」でブレットグラフを作成しています。Excelファイルは新法則7で紹介したような、月ごとに目標ユーザー数を入力しているだけのシンプルなものです。2つのデータソースは日付データをキーにブレンドしています。

このブレットグラフでは目標ユーザー数の90〜100％の範囲に分布帯を作っているため、目標の90%以上を達成したかどうかを検証する意図が表れています。実際の色はビジュアライズダイジェスト（15ページ）を参照してください。

◆ ブレットグラフで実数と目標を比較する　📄 082.twbx

❶ グラフの種類を変更する

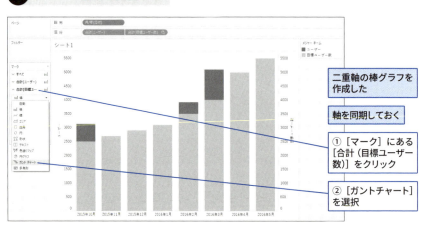

二重軸の棒グラフを作成した

軸を同期しておく

①［マーク］にある［合計（目標ユーザー数）］をクリック

②［ガントチャート］を選択

❷ 分布帯を追加する

目標ユーザー数が線のみで表現された

①右側の軸を右クリック

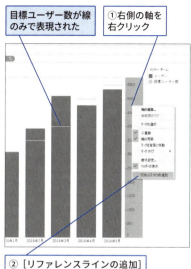

②[リファレンスラインの追加]をクリック

❸ 分布帯の設定をする

①[分布][セルごと]をクリック

②「90%, 100%/平均」を指定し、[ラベル]で[なし]を選択

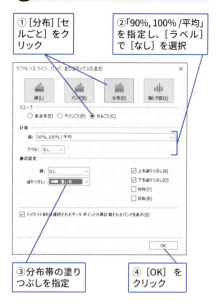

③分布帯の塗りつぶしを指定

④[OK]をクリック

❹ ブレットグラフが完成した

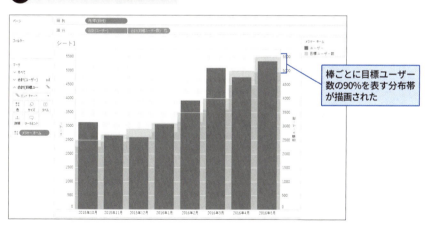

棒ごとに目標ユーザー数の90%を表す分布帯が描画された

予実対比を2つの棒グラフで行うと「何%の達成だったか」がわかりにくいですが、分布帯があるブレットグラフなら理解しやすくなります。

関連	新法則7	異なるデータソースは共通項目を作ってブレンドする	P.40
	新法則40	複数の指標の変動は二重のグラフで表現する	P.128
	新法則42	メディア別コンバージョン数で棒・円グラフの基本を理解する	P.132

第5章 知見を導く高度なビジュアライズ

新法則 83

バーインバーチャートによる予実差異の分析

目標の達成・未達は
バーインバーチャートで描く

月ごと、四半期ごとの実績が目標をクリアしているかを明確に表現するには、「バーインバーチャート」が向いています。ブレットグラフと併せて覚えましょう。

■ 二重の棒グラフで「実績が目標を超えたか？」を表現

　予実差異の分析に役立つビジュアライズとして「バーインバーチャート」も紹介しましょう。太さが異なる2本の棒グラフで、予算（目標）と実績を表現します。

　次の手順では前の新法則82と同じデータソースに接続し、棒グラフを二重軸にしたあと、実績ユーザー数を示す「ユーザー」のバーを前面に表示して太さのバランスをそろえています。軸を同期しているので「目標ユーザー数」の縦軸は非表示にし、代わりにラベルを表示した状態を完成形としました。ブレットグラフでは「目標の90〜100%に到達したか？」にフォーカスしましたが、このバーインバーチャートでは「実績が目標を超えたか？」を端的に表すことを目的としています。

◆ バーインバーチャートで実数と目標を比較する　083.twbx

① 二重軸の棒グラフを作成する

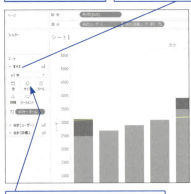

② 棒の前後を入れ替える

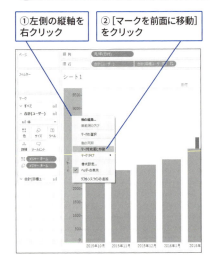

❸ [サイズの編集] 画面を表示する

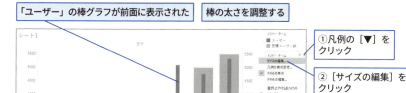

「ユーザー」の棒グラフが前面に表示された　棒の太さを調整する

① 凡例の [▼] をクリック
② [サイズの編集] をクリック

❹ 棒の太さを調整する

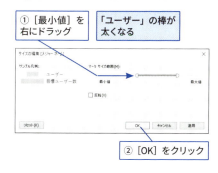

① [最小値] を右にドラッグ
「ユーザー」の棒が太くなる
② [OK] をクリック

❺ 右側の縦軸を非表示にする

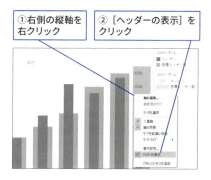

① 右側の縦軸を右クリック
② [ヘッダーの表示] をクリック

❻ バーインバーチャートが完成した

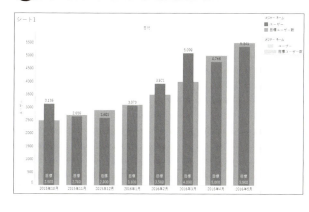

[ユーザー] と [目標ユーザー数] のラベルを表示

実績が目標を超えたか、比較しやすくなった

同じ分析を行うにしても、ビジュアライズの方法は多数存在します。閲覧ユーザーにとってもわかりやすく、自分の意図が伝わる表現を考えてみましょう。

関連 新法則82 目標への到達度はブレットグラフで表現する ……………………… P.224

新法則 84

ウォーターフォールチャートによる収益差異の分析
商品カテゴリ別の前月比は滝グラフで分析する

「ウォーターフォールチャート」（滝グラフ）を使うと、ディメンションメンバーが全体のパフォーマンスに与えたインパクトを表現できます。

■ 差異を生んだカテゴリと全体へのインパクトが明白に

ECサイトにおいて、前月比で収益が増加・減少したデータを見ることは頻繁にあります。その要因を突き止めるには、商品カテゴリごとに前月と当月の収益差異を求め、どのカテゴリの増加・減少が全体にインパクトを与えているのかを分析するのが有効です。最適な表現方法としては「ウォーターフォールチャート」が挙げられます。

次の手順では収益差異がプラスなら黒、マイナスなら赤になるように色を調整し、最終的に収益差異の総計を表す列を追加しています。247万円の増収のうち約半分を「ロールケーキ」がもたらしている一方で、「ガトーショコラ」が減収の筆頭とわかります。

◆ ウォーターフォールチャートで収益差異を分析する　　084.twbx

① 計算フィールドを作成する

4つのメジャーを計算フィールドで作成

●4月の収益
IF CONTAINS([月 (年間)],"04") = TRUE THEN[商品の収益] END

●5月の収益
IF CONTAINS([月 (年間)],"05") = TRUE THEN[商品の収益] END

●収益の差
SUM([5月の収益]) - SUM([4月の収益])

●-収益の差
-(SUM([5月の収益]) - SUM([4月の収益]))

② 計算方法を累計にする

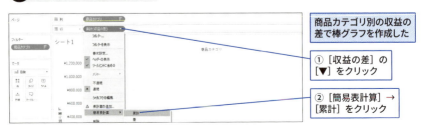

商品カテゴリ別の収益の差で棒グラフを作成した

①［収益の差］の［▼］をクリック

②［簡易表計算］→［累計］をクリック

❸ グラフの形状を変更する

①[マーク]で[ガントチャート]を選択

②[収益の差]を[色]に、[-収益の差]を[サイズ]に配置

❹ グラフの色を調整する

①凡例の[▼]をクリック

②[色の編集]をクリック

③[赤-黒の分化]を選択

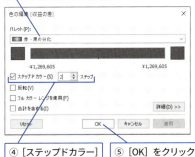

④[ステップドカラー][2]を指定

⑤[OK]をクリック

❺ ウォーターフォールチャートが完成した

[分析]メニューの[合計]→[行の総計を表示]をクリック

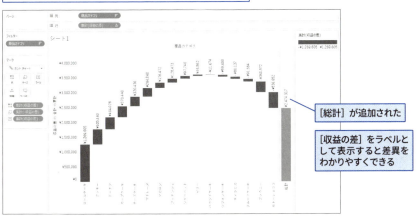

[総計]が追加された

[収益の差]をラベルとして表示すると差異をわかりやすくできる

このチャートは「デバイスカテゴリ」や「参照元/メディア」でも同様に作成でき、セッション数やページビュー数に差異をもたらした要因を探れます。

第5章 知見を導く高度なビジュアライズ

新法則 85

パラメーターによる日付レベルの切り替え

期間が重要なレポートでは日や月の切り替えを用意する

レポートが日単位か、月単位かは、通常は作成者が決めたもので固定されますが、パラメーターを用意すれば閲覧者の裁量で決められるようになります。

■ どの期間で区切ったデータを見るかを自由に変更できる

新法則59では「パラメーター」の基本操作を解説しましたが、ここから4つの新法則にわたって、パラメーターの実践的な応用例を紹介していきます。

まずはビジュアライズで使われている「日」「週」「月」といった日付レベル（日の粒度）を、パラメーターで動的に変化させる方法です。こうすることで、Tableau ReaderやTableau Server、Tableau Onlineでワークブックを開いた閲覧ユーザーでも、日付レベルを自由に変更しつつ分析が行えます。

次の手順では、ベースとなる日付データをGoogleアナリティクスから取得しています。ディメンション「日付」について、Tableauは標準では「年」「四半期」「月」「日」といった階層構造で認識しますが、ここでは「日」「週」「月」に固定したデータを「カスタム日付」として別途作成します。パラメーターは以下の画面にある3つの値を持つリストとし、選択した値によってカスタム日付が切り替わる計算フィールドをビューに配置することで、パラメーターで日付レベルが変化するようになります。

◆ パラメーターと計算フィールドの例

●日付レベル

●選択された日付レベル

```
CASE [日付レベル]
WHEN "1" THEN [日付 (日)]
WHEN "2" THEN [日付 (週数)]
WHEN "3" THEN [日付 (月)]
END
```

◆ パラメーターで日付レベルを切り替える 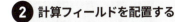 085.twbx

1 カスタム日付を作成する

①［日付］の［▼］をクリック

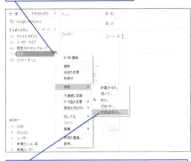

②［作成］→［カスタムの日付］をクリック

［カスタム日付の作成］画面が表示された

③［詳細］で［日］を選択　　④［OK］をクリック

同様に［詳細］が［週数］と［月］のカスタム日付を作成しておく

2 計算フィールドを配置する

日別主要指標の集計表を作成した

①［選択された日付レベル］を右クリックで［日付］にドラッグ

［フィールドのドロップ］画面が表示された

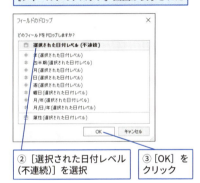

②［選択された日付レベル（不連続）］を選択　　③［OK］をクリック

3 パラメーターの動作を確認する

［日付］が［選択された日付レベル］で置換された

パラメーターコントロールで選択した日付レベルで集計表が生成される

 こうした日付の扱い方は、Excelでは到底できません。期間の区切りが重要なレポートでは、定常的に盛り込んでおきたい仕組みです。

新法則 86

パラメーターによるディメンションの切り替え

動的なセグメント選択で分析の切り口を増やす

さまざまなセグメントで区切った分析を、Tableau Desktopユーザーではない人も含めて行いたい場合、パラメーターによるディメンションの切り替えが有効です。

■ 1つのビューでディメンションを切り替えて分析

ディメンションはビジュアライズに欠かせない「分析の軸」です。ディメンションの切り替えが容易であれば、さまざまなセグメントで指標を切り取り、あるセグメントだけで発生している「特異値」を探すのも容易になります。

次の手順では、5つのセグメント＋セグメントなしの6つの選択肢をパラメーターで設定しています。セグメントに該当するディメンション「セッションの数」「デバイスカテゴリ」「ユーザータイプ」「参照元/メディア」「既定のチャネルグループ」は、Googleアナリティクスへの接続時に取得しておきます。あとは前の新法則85と同じ要領です。

次のページの最後にある画面は、棒グラフの色分けをパラメーターで選択したディメンションで行えるようにした例です。無意味なメンバーや値で閲覧ユーザーにとってグラフが見にくくならないように、あらかじめフィルターも適用しておきましょう。

◆ パラメーターと計算フィールドの例

●ディメンションの選択

●選択されたディメンション

CASE [ディメンションの選択]
WHEN "1" THEN [セッションの数]
WHEN "2" THEN [デバイス カテゴリ]
WHEN "3" THEN [ユーザー タイプ]
WHEN "4" THEN [参照元/メディア]
WHEN "5" THEN [既定のチャネル グループ]
WHEN "6" THEN NULL
END

◆ パラメーターでディメンションを切り替える　📄 086.twbx

[デバイスカテゴリ別主要指標の集計表を作成した]

[選択されたディメンション]を[デバイスカテゴリ]にドラッグ

[デバイスカテゴリ]が[選択されたディメンション]で置換された

パラメーターコントロールで選択したディメンションで集計表が生成される

◆ 日別セッション数を選択したディメンションで色分けする

[日別セッション数の棒グラフを作成した]

[選択されたディメンション]を[色]に配置

選択したディメンションで棒グラフが色分けされる

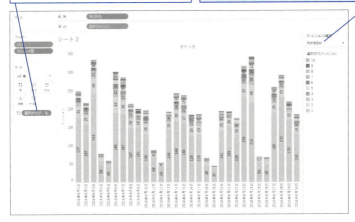

ディメンションの切り替えで特異値を探すのは分析の基本動作です。パラメーターが素早い切り替えをサポートします。

関連　新法則59　上位○件や特定日の表示はパラメーターで実現する……………… P.169

新法則
87

パラメーターによるダイナミック散布図の作成

多数の指標の相関は
動的な散布図で網羅する

指標A×B、A×C、B×Cのように、複数の組み合わせで2つの指標の相関を確認したい場合、パラメーターによる動的な切り替えが効果を発揮します。

複数の指標を切り替えられる動的な散布図を実現

　Webマーケティングには相関を確認したい「2つの指標の組み合わせ」がたくさんあります。しかし、そのための散布図を1つ1つ、別々に作成していたのでは、膨大な数のワークシートが必要になってしまいます。パラメーターと計算フィールドを利用し、縦軸・横軸の指標を切り替えられるようにした「ダイナミック散布図」とでも呼べる散布図をビジュアライズしてみましょう。基本的な流れは以下の通りです。

①指標（メジャー）を選択するパラメーターを作成する
②パラメーターで選択した指標を動的に反映する計算フィールドを作成する
③散布図の行・列に②を配置したビューを作成する

　ここでは①について、それぞれ6つの指標からなる「量の指標」「質の指標」を作成し、対応する②として「量のメジャー」「質のメジャー」を作成します。散布図では「量×量」「質×質」の組み合わせができるよう、パラメーターと計算フィールドはそれぞれ2つずつ、計4つを用意します。複製すれば手際よく作成できるでしょう。

指標の相関性と「打ち手」を見つけ出す

　次のページにある下の画面が、完成したダイナミック散布図です。散布図のポイントは「キャンペーン」でプロットし、行（縦軸）に「収益」、列（横軸）に「費用」を選択したうえで、傾向線を追加した状態になっています。ポイントのサイズは「コンバージョン数」で表現しています。
　この散布図を見ると「費用をかければ収益が上がる」という傾向はあるものの、傾向線よりも下側にあるキャンペーンは「費用のわりに収益が上がっていない」と判断でき、喫緊の対策が必要であることがわかります。ダイナミック散布図でさまざまな指標を切り替え、自社サイトにおける相関や課題の発見に役立ててください。

第5章

知見を導く高度なビジュアライズ

234 できる

◆ パラメーターと計算フィールドの例

●質の指標　　　　　　　　　　　　　　●量の指標

●質のメジャー

```
IF [質の指標1] = "1" THEN [CPA]
ELSEIF [質の指標1] ="2" THEN [CPC]
ELSEIF [質の指標1] ="3" THEN [CTR]
ELSEIF [質の指標1] ="4" THEN [CVR]
ELSEIF [質の指標1] ="5" THEN [ROAS]
ELSEIF [質の指標1] ="6" THEN [加重平均掲載順位]
ELSE NULL
END
```

●量のメジャー

```
IF [量の指標1] = "1" THEN [クリック数]
ELSEIF [量の指標1] ="2" THEN [コンバージョン]
ELSEIF [量の指標1] ="3" THEN [予算]
ELSEIF [量の指標1] ="4" THEN [収益]
ELSEIF [量の指標1] ="5" THEN [表示回数]
ELSEIF [量の指標1] ="6" THEN [費用]
ELSE NULL
END
```

◆ ダイナミック散布図でキャンペーンを分析する　087.twbx

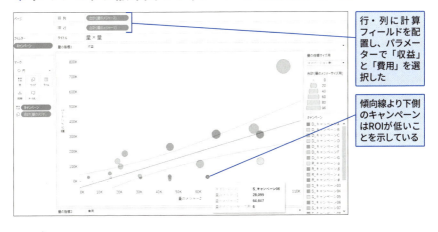

行・列に計算フィールドを配置し、パラメーターで「収益」と「費用」を選択した

傾向線より下側のキャンペーンはROIが低いことを示している

このテクニックを覚えれば、Excelしか使っていないWebマーケターとは、散布図の使いこなしで大きな差をつけられるでしょう。

関連 新法則55 相関の有無の検証は表現方法や傾向線で工夫する……………… P.158

新法則 88

パラメーターによる動的なファンチャートの作成

基準日からの成長率はファンチャートで求める

過去のある日付を基準とした成長率を端的に示す「ファンチャート」の作り方をマスターしましょう。指標の振り返りで効果を発揮します。

順調な分野とそうでない分野がひと目でわかる

中〜長期的な指標の変動を理解するためによく使われるビジュアライズに「ファンチャート」があります。これは折れ線グラフの一種で、ある日付を基準とし、その基準点からどの程度成長しているかをパーセンテージで表現します。基準点から扇状に線が伸びていくことから、ファン（＝扇）チャートと呼ばれます。

ファンチャートを「デバイスカテゴリ」や「チャネル」「ユーザータイプ」などで分割すると、成長しているディメンションメンバーは上方へ、そうでないメンバーは下方へと線が伸びます。結果、順調な分野（セグメント）とそうでない分野が一目瞭然となり、以下のような検証が迅速に行えるようになります。

・近年のスマホ普及率から考えて、「mobile」の成長率は高くあるべきでないか？
・1年前から始めたSEO施策は、「Organic Search」の成長率として現れているのか？

月単位で調整可能なパラメーターで実現

ここでは基準点を固定せず、パラメーターで変動させることができるファンチャートを作成します。次のページにある手順では、2014年6月のセッション数を100%として、その後2年間にわたる各月のセッション数の成長率を表現しています。基準点となる「2014年6月」は任意に調整でき、データ型を日付とし、単位（ステップサイズ）で月を指定したパラメーターで実現しています。

計算フィールドは2つ作成します。「変動する基準月のセッション」は、パラメーターで指定した月（＝基準月）のセッション数を取得する、という意味の計算式になっています。「%変動」はセッション数の合計から基準月のセッション数を引き、それを基準月のセッション数で割って成長率を求める式です。「%変動」は数値形式をパーセンテージにしておき（新法則26を参照）、月別で描いた折れ線グラフを色で分割すると、ファンチャートとしてビジュアライズされます。

第5章

知見を導く高度なビジュアライズ

236 | できる

◆ パラメーターと計算フィールドの例

●基準年月の選択

●変動する基準月のセッション

```
WINDOW_MAX(
IF MAX([年月]) = [基準年月の選択] THEN SUM([セッション])
ELSE NULL
END
)
```

●%変動

```
1 + ((SUM([セッション])
- [変動する基準月のセッション])
/ [変動する基準月のセッション])
```

◆ 基準月を調整できるファンチャートを作成する 088.twbx

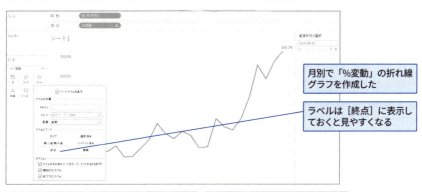

月別で「%変動」の折れ線グラフを作成した

ラベルは［終点］に表示しておくと見やすくなる

① ［既定のチャネルグループ］を［色］に配置   ② 基準月を［2015/06/01］に調整

2015年6月からの成長率をチャネルごとに確認できる

分野別の成長率を一瞬で理解できるのがファンチャートの特徴です。「○年前からどの程度成長したか？」に回答できる手段として使いましょう。

新法則 89

ヒットベースデータとLOD式によるコホート分析
ユーザーの再訪問の傾向はコホート分析で検証する

Googleアナリティクスから得た詳細なサイト利用状況のデータを使い、「コホート分析」を実施します。LOD式の計算フィールドを駆使しましょう。

■ ユーザーのサイトへの「定着度合い」を可視化する

新法則81でも紹介した「ヒットベース」のデータについて、さらに応用的な活用例を解説します。一人ひとりのユーザーのヒットと、新法則35で触れた「LOD式」を組み合わせて「コホート分析」を行うテクニックです。

コホート分析とは、主に時間を条件としてユーザーをグループ分けし、それぞれのグループのサイト利用状況やコンバージョンなどを可視化するとともに、グループごとの振る舞いに違いがあるかを検証する手法です。効率的な顧客維持についての知見を得るために行う分析の1つで、Webマーケティング以外の分野でもよく利用されます。

ここではまず、LOD式の計算フィールドで週次ユーザー数の棒グラフを色分けし、週が経過するごとにどの程度のユーザーがサイトを再訪問しているかを明らかにします。もう1つの計算フィールドは、データソースに含まれる期間中の最初の訪問が、サイトへの初回訪問ではないユーザーを除外するために利用します。

◆ 再訪問ユーザーの積み上げ棒グラフを作成する

❶ 計算フィールドを作成する

2つのディメンションを計算フィールドで作成

●初回訪問日
{FIXED [uid]: MIN(DATETRUNC('day', [タイムスタンプ]))}

●期間中に初回訪問が発生
{FIXED [uid]: MIN([セッションの数])} = 1

❷ 初回訪問日で色分けする

週別ユーザー数の棒グラフを作成した

[タイムスタンプ]は[週数]
[不連続]に設定する

① [初回訪問日]を[色]にドラッグ
② [週数][不連続]に設定

❸ 初回訪問の範囲を設定する

[初回訪問日] で色分けされた

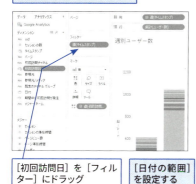

[初回訪問日] を [フィルター] にドラッグ

[日付の範囲] を設定する

❹ 初回訪問以外を除外する

① [期間中に初回訪問が発生] を [フィルター] にドラッグ

② [真] にチェックマークを付けて [OK] をクリック

❺ 再訪問したユーザーの積み重ね棒グラフが完成した

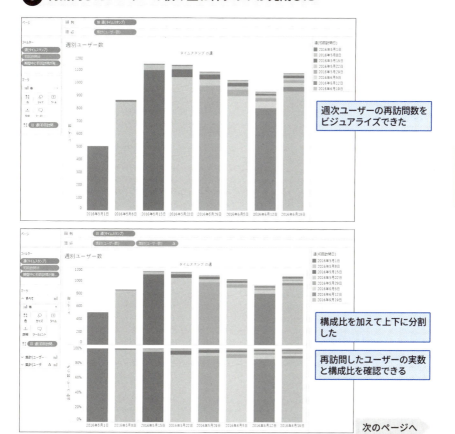

週次ユーザーの再訪問数をビジュアライズできた

構成比を加えて上下に分割した

再訪問したユーザーの実数と構成比を確認できる

次のページへ

初回訪問したチャネルごとにリテンション率を見る

さらに高度な分析として、初回訪問時のチャネルごとにユーザーをセグメントして再訪問の傾向に違いがあるかを検証します。そのためのディメンションとして、同じくLOD式による計算フィールド「初回訪問チャネル」を作成します。

行として初回訪問チャネルと初回訪問の週、列として週単位の経過を示すタイムスタンプをとった集計表を作成し、先ほどの積み上げ棒グラフと同様のフィルターを適用します。その集計表をユーザー数で色分けしてラベルを表示すると、次のページにある手順③のようなビジュアライズが完成します。Googleアナリティクスの［コホート分析］レポートで、同じような表現を見たことがあるでしょう。

ワークシートを複製し、実数を構成比に変更したビューを並べてダッシュボードにまとめたのが手順④の画面です。初回訪問チャネル別に、初回訪問から週を経過するごとにどの程度のユーザーが再訪問しているか、大まかな傾向をつかむことができます。このサイトでは「Organic Search」に比べて、「Referral」や「Social」で初回訪問したユーザーのほうがリテンション（顧客維持）に成功している、と判断できるでしょう。

◆チャネル別の再訪問数・割合の集計表を作成する

❶ 計算フィールドを作成する

メジャーを計算フィールドで作成

●初回訪問チャネル

{FIXED [uid], [セッションの数] = 1 :MAX([既定のチャネル グループ])}

❷ 集計表を色分けしてラベルを表示する

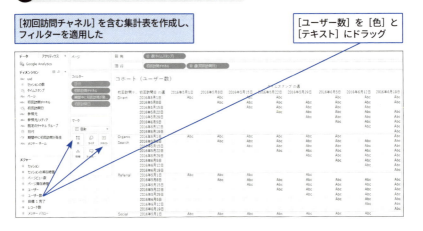

［初回訪問チャネル］を含む集計表を作成し、フィルターを適用した

［ユーザー数］を［色］と［テキスト］にドラッグ

③ 再訪問数の集計表を複製して割合に変更する

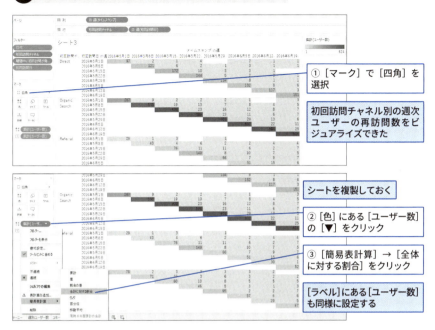

① [マーク] で [四角] を選択

初回訪問チャネル別の週次ユーザーの再訪問数をビジュアライズできた

シートを複製しておく

② [色] にある [ユーザー数] の [▼] をクリック

③ [簡易表計算] → [全体に対する割合] をクリック

[ラベル] にある [ユーザー数] も同様に設定する

④ 初回訪問チャネル別の再訪問数・割合の集計表が完成した

2つの集計表をダッシュボードに配置

初回訪問チャネル別の週次ユーザーの再訪問数を、実数と割合でビジュアライズできた

Googleアナリティクスのコホート分析は過去30日までですが、Tableauとヒットベースのデータなら制限のないビジュアライズが可能です。

第5章 知見を導く高度なビジュアライズ

Tableau 10から「クラスター分析」が標準機能に

「クラスター分析」とは、異なる性質を持つ個体が交じり合った集団の中から互いに似たものを集めてクラスター（集団）を作り、集団別に分類しようとする手法です。統計ソフト「R」のkmeansパッケージを利用し、すでにクラスター分析を実践しているマーケターもいるかもしれません。

このクラスター分析が、Tableau 10から標準の機能として実装されました。下の画面はGoogleアナリティクスをデータソースとし、セッション数とコンバージョン数の散布図からユーザーのクラスターを作成したものです。性質の異なるユーザー群が、次の6つのクラスターに分類されています。

- セッション数が少なく、コンバージョンもしないクラスター1
- セッション数は少ないが、確実にコンバージョンするクラスター2
- セッション数は多いが、あまりコンバージョンしないクラスター3
- セッション数が多く、まれにコンバージョンするクラスター4
- セッション数は中間的で、その割にコンバージョンの多いクラスター5
- セッション数は少ないが、非常にアクティブにコンバージョンするクラスター6

このデータは筆者が勤める株式会社プリンシプルのWebサイトのものを利用していますが、例えばクラスター4は、セッション数が多いためWebマーケティングに興味があり、かつプリンシプルのことも認知しているユーザー群であると考えられます。

本書執筆時点では、実践に取り入れるのはこれからの新機能ですが、リマーケティングリストの作成や「類似ユーザー」への広告配信などでの活用が期待できそうです。

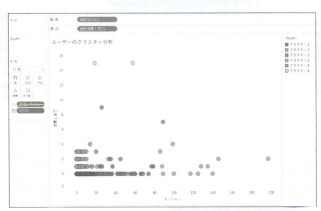

［アナリティクス］ペインにある［クラスター］をビューに配置したところ。配置時に変数やクラスターの数を指定できる。

第**6**章

成果の改善につながる
分析アイデア

分析方法の工夫によって現状の捉え方が変わり、有効な施策の立案
やアクションに結びつくことがあります。本章では、利用するディメン
ションや表現方法に創意を凝らしたビジュアライズを紹介するととも
に、筆者の分析例を紹介していきます。

新法則
90

検索順位からの要改善ページの発見

ページのタイトルと概要は 「検索順位×CTR」で評価する

SEOのパフォーマンスを確認するうえでは、Google Search Consoleから得られるデータの分析が不可欠です。効果的な散布図と分析例を紹介します。

■ 順位とCTRの相関からタイトルとディスクリプションを評価

　自然検索の検索結果ページにおいて、掲載順位が高いほどクリック率が高くなることは明らかです。しかし、掲載順位が高いわりに、あまりクリックされないケースもあります。こうした状況はGoogle Search Consoleの「平均掲載順位」と「CTR」のデータに基づく、キーワード（クエリ）別の「検索順位×CTR」の散布図で明らかにできます。

　順位は悪くないのにCTRが低いということは、検索結果に表示されるページのタイトルとディスクリプション（概要）が魅力的ではない、ということを示唆しています。ユーザーの気持ちになって検索し、それらを読んでクリックしたくなるかをあらためて考え、改善するというアクションが合理的です。うまく改善できれば、順位は変わらずにCTRが改善する、もしくは順位自体も上がる、という効果が期待できます。

■ リスティング広告との競合も考慮しておく

　「検索順位×CTR」の散布図を実際にTableauで作成すると、次のページのようになります。計算フィールドも参考にビジュアライズしてみてください。この散布図を例に分析すると、以下の2点のような知見が導けると思います。

　1点目として、キーワードのグループ「おもちゃ」で10位以内のクエリがたくさんあります。これ自体は望ましいのですが、CTRが1位で2%程度、2位で4 〜 6%程度に留まっているクエリは、タイトルとディスクリプションに改善の余地があると考えられます。

　2点目として、「ブランドワード」グループの平均掲載順位が2.5 〜 4位にありますが、CTRが2%を下回っています。ブランドワードが自然検索で1位になった場合、CTRが30%を超えるというデータもあるので、この低さは異常と見るべきです。

　念のため、タイトルとディスクリプションの見直しが必要ですが、これらだけの問題ではないかもしれません。リスティング広告とのカニバリズム（同じキーワードで出稿した広告がクリックされてしまう状況）が発生していないかを確認し、場合によっては、ブランドワードでのリスティング広告の出稿はストップするべきです。

◆ 要改善ページを発見する分析例

●「検索順位×CTR」の散布図

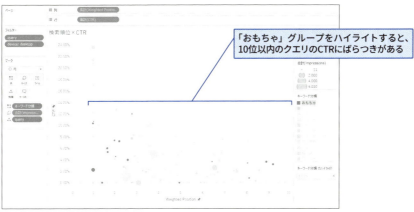

「おもちゃ」グループをハイライトすると、10位以内のクエリのCTRにばらつきがある

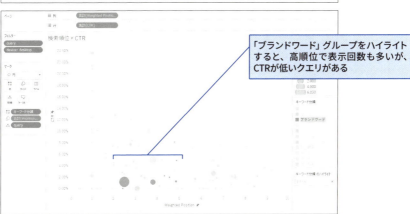

「ブランドワード」グループをハイライトすると、高順位で表示回数も多いが、CTRが低いクエリがある

●daily impressions by query

{FIXED [date], [query], [device] : MIN([impressions])}

LOD式を使い、クエリ別の日々のインプレッション（表示回数）を取得する。

●daily position by query

{FIXED [date], [query], [device] : MIN([position])}

LOD式を使い、クエリ別の日々の平均掲載順位を取得する。

●Weighted Position

SUM([daily impressions by query]
* [daily position by query])
/ SUM([daily impressions by query])

上記2つの計算フィールドから加重平均掲載順位を求める。

タイトルとディスクリプションの改善は、「かける手間対効果」のバランスがいい施策です。優先順位を高めて実施しましょう。

新法則
91

ランディングページからの高CVR導線の発見

目的達成効率の高い導線は「2ページ目」から見つける

「LPO」に効くダッシュボードのアイデアを紹介しましょう。Googleアナリティクス
が持つ一見地味なディメンションにヒントがあります。

■ 「次にどのページを見たか」によるCVRの差を見る

「LPO」（Landing Page Optimization）がコンバージョン率改善の一手法として認知さ
れているように、ランディングページの直帰率を下げる取り組みを行っているマーケター
は大勢いると思います。そのような課題に最適なのが、ここで解説する2つのビューとダッ
シュボードです。Googleアナリティクスが持つ「2ページ目」というディメンションを利
用し、「ランディングページの次にどのページを見たか」を可視化します。

ランディングページからのクエリパラメーターの除外は、新法則34を参考に計算
フィールドを作成しておきます。次のページに挙げた「CVR×直帰率」の散布図、「LP＋
2ページ目」の横棒グラフを作成したら、2つのビューをダッシュボードにまとめ、散布
図のほうにフィルターアクション（新法則66を参照）を設定しておきましょう。

■ CVRが高まるページに導くようLPを改善

次のページにあるビジュアライズを例に分析を進めます。散布図でひときわ大きな
（セッション数が多い）ポイントは、サイトのトップページです。直帰率は比較的低く、
CVRはそれなりに高いため、ランディングページとして及第点といえそうです。

ダッシュボードでこのポイントをクリックすると、横棒グラフがトップページにラン
ディングしたセッションだけに絞り込まれます。「2ページ目」を見ると「NULL」がもっ
とも多いですが、これは直帰したセッションを表しています。

では、トップページにランディングした2ページ目として、ユーザーがどのページに進
んでくれた場合にCVRが高まるのでしょうか？ 横棒グラフの色とラベルに注目すると、
断然高いのは「/inquiry/」（お問い合わせ）のページです。何かしらのアクションをとる
ことを目的に、サイトを訪問してくれたユーザーが閲覧しているのでしょう。

それ以外では「/service/」のCVRが比較的高いですが、そのページに進んだセッショ
ンは「/company/」の4分の1しかありません。ここに伸びしろがあると考え、トップペー
ジから「/service/」への誘導を強めるようUIを改善するのが妥当です。

第6章
成果の改善につながる分析アイデア

◆ ランディングページからの導線を改善する分析例　📄 091.twbx

●「CVR×直帰率」の散布図

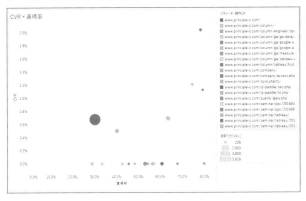

[直帰率] と [CVR] を行・列に配置し、ポイントは [パラメーター除外LP]、サイズは [セッション] で表現した

●「ランディングページ＋2ページ目」の横棒グラフ

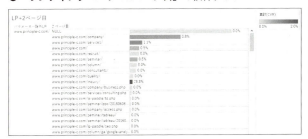

[セッション] と [パラメーター除外LP]、[2ページ目] を行・列に配置し、棒の色とラベルは [CVR] で表現した

●散布図と横棒グラフのダッシュボード

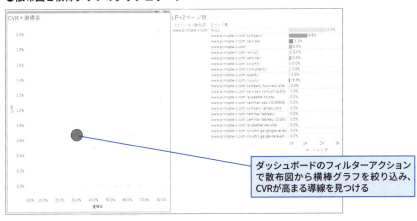

ダッシュボードのフィルターアクションで散布図から横棒グラフを絞り込み、CVRが高まる導線を見つける

LPOはトラフィックが多いページから始めるのが鉄則です。サイト全体のパフォーマンスへの影響が大きいページを、まず改善しましょう。

新法則 **92**

既訪問回数に基づくリマーケティング施策立案

再訪を促す広告施策は「セッションの数」から判断する

サイトへの再訪を促してコンバージョンを獲得するリマーケティング。それが有効なのかどうかは、「セッションの数」を軸とした分析から判断できます。

■ セッションの数×CVR＋AOVでビジュアライズ

ECサイトにおいて、ほぼ必ず行われている施策の1つに「ディスプレイネットワークを利用したリマーケティング広告」が挙げられます。ユーザーの立場からすると、以前訪問したECサイトの広告が、ほかのサイトの広告枠で表示されているのを見たことがあるでしょう。その多くが、リマーケティングによる広告です。

リマーケティングの目的は、「自社サイトを訪問したことがある人」を「多少なりとも自社商品に興味がある人」と見なし、広告でサイトへの再訪を促すことでコンバージョンに結びつける点にあります。ここでは、サイトへの既訪問回数を表す「セッションの数」というディメンションごとにCVRと「AOV」を可視化し、リマーケティングを実施すべきかを合理性に判断できるようにするアイデアを紹介します。

Googleアナリティクスから「セッションの数」を取得すれば、次のページにあるビジュアライズは難しくないでしょう。「AOV」は「Average Order Value」（平均注文単価）を表すECサイトでよく使われる指標で、計算フィールドで簡単に作成できます。

■ リマーケティングのCPAを予測して利益が出るかを判断

次のページにある2つのサイトを例に分析すると、2回目以降の訪問でCVRが高くなるのは共通しています。しかし、サイトAではAOVが1万円弱と、注文単価があまり高くありません。リマーケティング広告を出稿し、仮にCPCが100円、CVRが2%でコンバージョンを獲得できたとしても、CPAは5,000円となります（100÷0.02＝5,000）。こうした一般的な値で計算しても、注文単価の半分が広告費となる、つまり利益が出ないと予測できるため、サイトAでのリマーケティングは得策ではないと判断できます。

一方、サイトBでは訪問を重ねるごとにCVRが高くなる傾向がより強く、AOVも2万円程度となっています。リマーケティングでCPAが5,000円かかったとしても、1回の注文ごとの利益を確保できる可能性が高いでしょう。また、セッションの数が2～5のユーザーはCVRが急激に高まるため、このセグメントを対象にすることで、広告経由でのコンバー

ジョンを効率的に増やせそうです。具体的な方法としては、Googleアナリティクスでリマーケティングのためのユーザーリストを作成し、そのリストに基づいてGoogle AdWordsのディスプレイネットワークから広告を配信する、といった流れになります。

◆ リマーケティング施策を検討する分析例　📄 092.twbx

●サイトAでの「セッションの数×CVR＋AOV」の棒グラフ

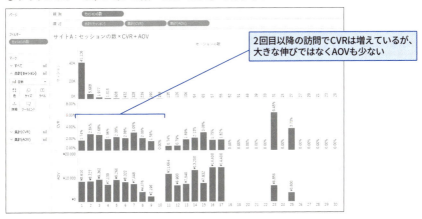

●サイトBでの「セッションの数×CVR＋AOV」の棒グラフ

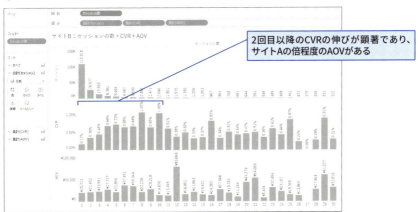

●AOV（Average Order Value）

SUM([収益]) / SUM([トランザクション数])　　トランザクション（商品の購入。ECにおけるコンバージョン）1回あたりの収益を求める。

リマーケティングの秘訣は、行動特性からユーザーの状況を推測し、適切にアプローチすることです。「セッションの数」は重要なヒントになります。

新法則
93

ビッグファネルによるボトルネックの発見

ECサイトの弱点は「ビッグファネル」から探し出す

ユーザーが訪問した時点から大きなファネルを描くことで、自社サイトの問題点を明らかにできます。Googleアナリティクスでの目標設定がポイントです。

■ コンバージョンまでの全ステップを「目標」として設定

ECサイトに適した分析の型として、筆者は「ビッグファネル」という考え方をおすすめしています。コンバージョンに至るまでに、ユーザーは「サイトへの訪問」「商品詳細ページへの到達」「商品のカートへの投入」「商品の購入完了」というステップを必ず踏みます。このすべてをGoogleアナリティクスの目標として設定することで、コンバージョンまでのサイト利用状況を精緻に描き出すことが可能になります。

そのビッグファネルに「デバイスカテゴリ」や「チャネル」といったディメンションを組み合わせると、以下のようなことが理解できます。いわば自社サイトの「急所」を明らかにし、サイト全体のコンバージョン率を改善するための知見を得られるわけです。

・ファネルが急激に細っているステップはどこか？
・ファネルが急激に細っているセグメントはどこか？

■ 「セッション価値」からサイトの急所を探っていく

ビッグファネルの分析を行うため、Googleアナリティクスから取得した「目標○完了」などの指標、簡易表計算、計算フィールドを利用し、次のページにあるようなクロス集計表を作成します。各項目の取得・算出方法は表を参照してください。

ここからが分析です。まずは「セッション価値」に注目します。セッション価値は「1セッションあたりの収益」を表し、ECサイトのパフォーマンスをもっとも大きな視点で表す指標です。この例ではデバイスカテゴリごとのセッション価値の合計が「PC」の「781円」に対して「SmartPhone」が「247円」と、大きな差があります。サイトが扱う商品にもよりますが、スマートフォン向けのUIに問題がある可能性が高そうです。

そこで集計表の左側をたどっていくと、SmartPhoneの「カート完遂率」がPCの約半分となっています。つまり、スマートフォン向けのカート周りに改善の余地がある、ということです。直近の対策として、EFO（Entry Form Optimization／エントリーフォーム最適化）のためのツール導入が有力となってきます。

第6章 成果の改善につながる分析アイデア

さらにSmartPhoneの中でも、「リスティング広告」のセッション価値が「66円」と際立って低い点も見逃せません。CPCと照らし合わせて利益が出ているのかを調査し、適切な対応をする必要があるでしょう。

◆ ECサイトのビッグファネルを描く分析例　 093.twbx

●「ビッグファネル」のクロス集計表

［セッション価値］の値から改善が必要なセグメントを探っていく

●集計表の項目と取得・算出方法

集計表の項目	取得・算出方法
セッション（A）	Googleアナリティクスの「セッション」を取得
（A）の構成比	「セッション」を［簡易表計算］→［全体に対する割合］に設定
商品詳細ページ到達数（B）	Googleアナリティクスで設定した「目標○完了」の名前を変更
商品詳細ページ到達率（B）/（A）	計算フィールドで作成（商品詳細ページ到達数÷セッション）
カート投入数（C）	Googleアナリティクスで設定した「目標○完了」の名前を変更
商品詳細 TO カート率（C）/（B）	計算フィールドで作成（カート投入数÷商品詳細ページ到達数）
カート投入率（C）/（A）	計算フィールドで作成（カート投入数÷セッション）
トランザクション数（D）	Googleアナリティクスで設定した「目標○完了」の名前を変更
カート完遂率（D）/（C）	計算フィールドで作成（トランザクション数÷カート投入数）
コンバージョン率（D）/（A）	計算フィールドで作成（トランザクション数÷セッション）
収益（E）	Googleアナリティクスの「収益」を取得（eコマーストラッキングが必要）
（E）の構成比	「収益」を［簡易表計算］→［全体に対する割合］に設定
平均単価（E）/（D）	計算フィールドで作成（収益÷トランザクション数）
セッション価値（E）/（A）	計算フィールドで作成（収益÷セッション）

ビックファネルを描くだけで、サイト全体を俯瞰した多くの示唆が得られます。簡単な集計表で実現できるので、ぜひ試してみてください。

新法則 94

タイムターゲティングの伸びしろの発見

CVRが高まる「曜日×時間」はハイライト表で可視化する

商品の性質や価格によっては、曜日や時間帯でコンバージョン率が大きく異なる場合があります。その傾向を把握できれば、タイムターゲティングが効果的です。

ユーザーの生活パターンの影響をビジュアライズ

社会の大多数の人は、曜日と時間ごとに一定のパターンで生活しています。平日は朝6時に起床して職場に向かい、夜は0時ごろに就寝、土日は休み、という人はとても多いでしょう。その生活パターンは、Webサイトにも影響を与えます。

もし、ユーザーの生活パターンが自社サイトのコンバージョン率に影響を与えているのであれば、コンバージョン率の高い曜日と時間になるべく多くのトラフィックを獲得することで、サイト全体のCVRやROIの向上が期待できます。リスティング広告を利用すれば「曜日×時間」のターゲティングが簡単に行えるので、自社サイトでそうした現象が起きているか、起きているならどの「曜日×時間」にコンバージョン率が高まるのかを確認するのは非常に有益です。

分析に利用するビジュアライズとしては、新法則56で解説したハイライト表が適しています。Googleアナリティクスから取得するディメンションは「日付」（曜日が含まれる）と「時間」のほか、「デバイスカテゴリ」を加えるといいでしょう。生活パターンによって利用するデバイスが変化することは、十分にありえるためです。

商品の性質も確認したうえでターゲティングを実施

次のページでは、2つのサイトで作成したハイライト表を例として提示します。いずれのサイトでも曜日と時間による色の濃さの違い、つまりCVRの高低が見られます。

ただ、サイトAではCVRが高まる時間帯にムラがあり、平日・休日で差があるようにも見えません。今回の分析では、確固たる傾向はつかめなかったと結論づけるのが正しいでしょう。データのビジュアライズから「必ずしも有効な知見が得られるわけではない」ことを示す一例です。

一方のサイトBではどうでしょうか？「desktop」において、平日・休日を問わず夜から未明にかけてCVRが共通して高まっているのが見てとれます。平日の昼間は相対的にCVRが下がりますが、休日の昼間は、平日ほど下がっていないようです。

このサイトがECサイトの場合、販売している商品の性質とも照らし合わせたうえで、「リラックスタイムに購入意向が高まる商品である」と追認できたなら、前述の曜日×時間を狙ったリスティング広告のターゲティングを実施してみるのが合理的です。

◆ タイムターゲティングの有効性を検証する分析例　094.twbx

●サイトAでの「曜日×時間」ハイライト表

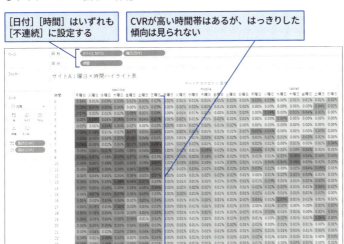

●サイトBでの「曜日×時間」ハイライト表

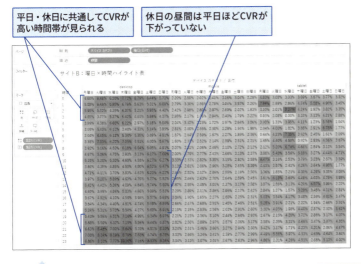

「関連性の高いトラフィックを獲得する」のは、パフォーマンス改善の基本の1つです。曜日×時間から関連性の高さのヒントを得られます。

新法則 95

累計ページビュー数による人気記事の発見

コツコツとPVを稼ぐ記事は累計で正しく評価する

ある期間のページビュー数（PV）を合計しただけでは、すべての人気記事は見えてきません。簡易表計算の累計を使い、コンテンツを正当に評価しましょう。

■ 「今月のページビュー数ベスト10」だけでは不十分

　Googleをはじめとした検索エンジンの進化により、「本当にユーザーのためになるコンテンツを作成すれば、検索エンジンはその価値を正当に評価して上位に表示してくれる」というのがSEO界隈での共通認識になってきました。近年注目される「コンテンツマーケティング」もそれに根ざした活動であり、顧客にとって価値のあるコンテンツを、自社のブログやオウンドメディアに掲載している企業も多いと思います。

　こうしたコンテンツ（記事）を評価するためのレポートとしては、Googleアナリティクスの［すべてのページ］レポートで見られるような「今月のページビュー数ベスト10」の体裁となることが一般的です。しかし、それでは直近の月に公開されたフレッシュな記事が上位を占める傾向が強く、長期的にコツコツとトラフィックを集めている記事がわからない、というデメリットがあります。

■ 累計ページビュー数は記事執筆者の励みにもなる

　そこで推奨したいのが「公開日を基準とした記事別の累計ページビュー数」のビジュアライズです。完成すると次のページにあるビューになり、各記事が公開されてからどのようなペースでページビュー数を伸ばしてきたかが可視化されます。

　Googleアナリティクスからは「日付」「ページ」「ページタイトル」「ページビュー数」を取得します。LOD式の計算フィールドでページごとの掲載日（ページビュー数が記録された初日）を求め、それをベースに掲載開始からの日数を求めます。記事を分類したい場合は、「コンテンツ種別」の計算式を例にグルーピングしておきましょう。ページビュー数の折れ線グラフは簡易表計算の累計で描きます。

　このビジュアライズを例に分析すると、次のような知見が得られます。まず、起点から直角に近い角度で上がっている線は、公開から数日で一気にページビュー数を稼いでいる記事です。参照元を調べると大半がソーシャルメディアで、コンテンツの新奇性が評価されて多数シェアされた、と確認できます。

一方で、なだらかな右肩上がりを続けている線もあり、これらは地道にページビュー数を稼ぎ続けている記事です。参照元としては自然検索からのトラフィックを多く獲得しており、検索ユーザーのニーズを満たしているコンテンツといえます。

　加えて、このビジュアライズは「記事を書いた人のモチベーションを高める」という意味でも有益でしょう。自分の記事が継続して読まれていることを知れば、執筆者の大きな励みになり、さらに価値のあるコンテンツを生む原動力となるはずです。

◆ 人気記事を発見する分析例　📄 095.twbx

●「記事別の累計ページビュー数」の折れ線グラフ

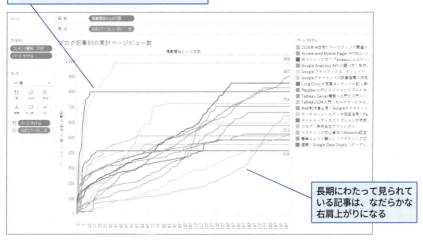

●掲載日（PV記録初日）

{FIXED [ページ タイトル] : MIN([日付])}

LOD式を使い、ページタイトル別の最小の日付（PVが記録された初日）を取得する。

●掲載開始からの日数

DATEDIFF('day', [掲載日（PV記録初日）], [日付])

「掲載日（PV記録初日）」と「日付」の差を日単位で求める。

●コンテンツ種別

```
IF REGEXP_MATCH([ページ], "/blog/|/column/") = TRUE THEN "ブログ"
ELSEIF CONTAINS([ページ], "/seminar/") = TRUE THEN "セミナー"
ELSEIF CONTAINS([ページ], "/news/") = TRUE THEN "ニュース"
ELSE "一般ページ"
END
```

正規表現で「ページ」（URL）の一部を指定し、コンテンツをグルーピングする。

時間が経過しても価値を維持しているコンテンツは貴重です。隠れた人気記事を見落とさないようにしましょう。

新法則 **96**

モーション散布図によるリスティング広告の検証

キャンペーンの運用履歴は
時系列の散布図で明解にする

商品の需要期や担当者などの要因により、リスティング広告の運用結果は変わってきます。運用のヒストリーを描くには、時系列の散布図が適しています。

■ リスティング広告の方針とパフォーマンスは日々変化する

リスティング広告は、日々のビジネス環境の変化によって運用の方向性が変わっていきます。「需要が高まる時期なので予算は気にせず、できるだけ多くのクリック数を獲得して収益を最大化したい」場合もあれば、「販売を開始したばかりの特定商品は利幅が薄いため、最初の半年間は必ず300%のROASを達成したい」場合もあります。

また、運用の方向性は変わらなくても、運用担当者のセンスとスキルによってキーワードや除外キーワード、マッチタイプ、広告文などに違いが生まれ、パフォーマンスに影響してきます。まさに「運用の巧拙」が現れる部分です。

そのような「時間の経過とともに狙いもパフォーマンスも変わる」性質を持つリスティング広告において、キャンペーンごとに時系列での運用結果を明らかにするビジュアライズの方法があります。次のページにある手順を参考にしてください。

■ 「ページ」機能で運用のヒストリーを描く

この「モーション散布図」では、Tableauの「ページ」機能を利用しています。[ページ]カードにディメンションを配置すると、ビューがそのメンバーごとのページに分割されます。ここでは日付のデータを配置してレベルを[月]に設定しているので、月ごとにページが分割された状態になっており、このページを次々に切り替えていくことで、月単位の時系列に沿った各キャンペーンの運用履歴がわかる仕組みです。

1つのキャンペーンに着目し、分析例を紹介しましょう。最後の画面でハイライトしているキャンペーンは、ごく少額の費用で開始されました。最初の3か月間は費用が増えるばかりですが、4か月目で約40万円の費用に対して100万円程度の収益を上げるようになり、その翌月には、いきなり収益が200万円程度に倍増しています。この点に気付いた運用担当者がさらに予算を振り向け、2014年9月には60万円弱の費用で約780万円の収益を上げるに至っています。運用がうまくいっているのかどうか、極めて明解に把握できることがわかります。

256 | できる

◆ モーション散布図を作成する 📄 096.twbx

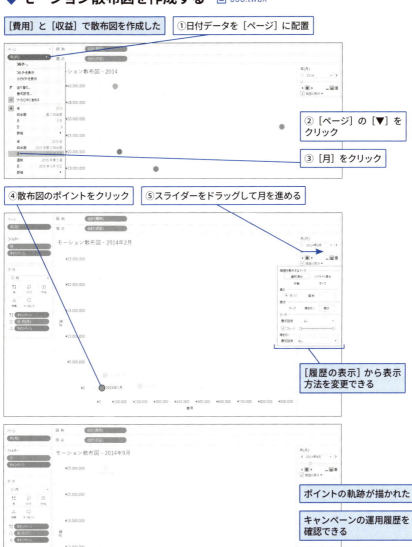

[費用]と[収益]で散布図を作成した
① 日付データを[ページ]に配置
② [ページ]の[▼]をクリック
③ [月]をクリック
④ 散布図のポイントをクリック
⑤ スライダーをドラッグして月を進める
[履歴の表示]から表示方法を変更できる
ポイントの軌跡が描かれた
キャンペーンの運用履歴を確認できる
ここで大きくパフォーマンスが改善している

「左上に向かうほど成功している」という視覚的なわかりやすさもあり、リスティング広告の運用を振り返るには最適なビジュアライズです。

第6章 成果の改善につながる分析アイデア

できる | 257

新法則 97

地図と円グラフによるグローバルSEOの検証

国別の自然検索流入は
地図上の円グラフで表現する

多言語対応したECサイトでは、海外からの自然検索流入が重要な指標の1つとなります。すばやく可視化する方法を覚えておきましょう。

海外からのセッション数とチャネル割合を同時に可視化

日本の企業がECサイトをグローバルに展開することを「越境EC」と呼ぶことがあります。また、ECに限らず、コーポレートサイトを各国語対応して自社のビジネスを世界にアピールしている企業も増えていると思います。

このとき、世界各国におけるSEOの成否判断や伸びしろの評価を行う手法として、地図に円グラフを重ね合わせるテクニックがあります。地図により地理上の位置が、円グラフの構成をチャネルとすることで自然検索トラフィックの割合が、そして円の大きさをセッション数とすることで訪問の規模がわかり、国ごとの重要度を同時に表現することが可能です。手順は次のページを参考にしてください。

ここでは日本のあるECサイトを例に、ヨーロッパの国々からのセッション数にフォーカスしました。最後の画面では「Organic Search」をハイライトしていますが、国ごとにかなりの差があることに気付きます。

イギリスとスペインは自然検索の割合が80%を超えており、SEOが比較的うまくいっているようです。一方でフランスとドイツは30%ほどしかありません。この2つの国はセッション数の規模が大きく、購買力の面でも重要と思われるため、言語対応をしたうえでSEOの強化施策を検討するのが望ましいと考えられます。

Amazonから得たデータを分析するのも有効

Amazonを利用して越境ECをしている場合、Amazonの管理画面から取得したデータをTableauで分析することで、「効果的なAmazon内プロモーション」や「Amazonで注力すべき商品」のヒントが得られます。「Pageview」×「Unit Ordered」の散布図をビジュアライズするのが基本です。

◆「国別チャネル別セッション」を地図上で表現する 📄 097.twbx

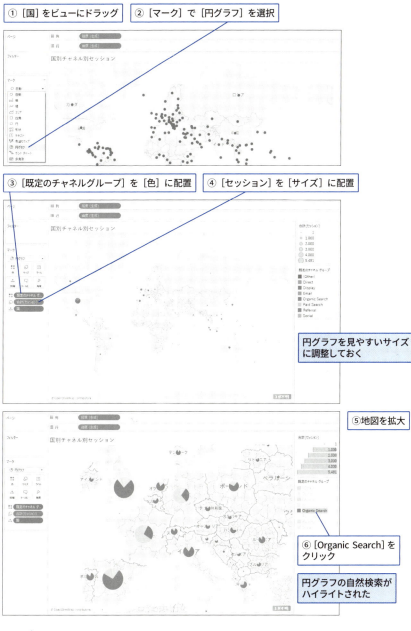

①[国]をビューにドラッグ
②[マーク]で[円グラフ]を選択
③[既定のチャネルグループ]を[色]に配置
④[セッション]を[サイズ]に配置
円グラフを見やすいサイズに調整しておく
⑤地図を拡大
⑥[Organic Search]をクリック
円グラフの自然検索がハイライトされた

日本のWebサイトの海外展開は、今後ますます検討機会が増えていくはずです。分析のアイデアとして、ぜひ加えておくといいでしょう。

新法則 98

多数の指標を見渡すスパークラインの表現

リスティング広告のトレンドはスパークラインで一望する

CTR、CPC、CVR、CPA……と、リスティング広告にはモニターすべき指標がたくさんあります。その状況をひと目で理解するには「スパークライン」が最適です。

■ 11指標のグラフ＋フィルターで全体像を早づかみ

「スパークライン」とは、軸やラベルなどを表示せず、トレンドだけを可視化した小さなグラフのことを指します。Excelではセル内にグラフを表示する機能として実装されており、Googleアナリティクスの［ユーザーサマリー］レポートにも表示されるので、目にしたことのある人も多いでしょう。

スパークラインのメリットは、1つ1つのグラフの占有面積が小さいため、1つの画面にたくさんの指標を盛り込めることです。まさにTableauのダッシュボードに適した表現方法といえます。ここでは多数の指標を一覧で確認することに意味があるリスティング広告の指標群を、スパークラインとしてビジュアライズします。

ワークシートは1つの指標に対して1つ作成します。［列］に日付データのディメンション、［行］に各指標を配置し、ワークシート名は各指標名とします。以降は次のページにある手順で操作しましょう。ここでは「ディスプレイネットワーク」と「検索ネットワーク」で絞り込めるよう、「ネットワーク」のフィルターをビューに加えています。

◆ スパークラインを作成する　098.twbx

① ビューのタイトルを中央に表示する

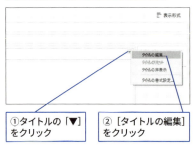

日付データと各指標で折れ線グラフを作成しておく

①タイトルの「▼」をクリック
②［タイトルの編集］をクリック

［タイトルの編集］画面が表示された
③［中央］をクリック
④［OK］をクリック

❷ フィルターの適用範囲を変更する

[ネットワーク]のフィルターを表示しておく　　　①[▼]をクリック

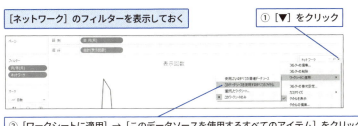

②[ワークシートに適用]→[このデータソースを使用するすべてのアイテム]をクリック

❸ 縦軸と横軸を非表示にする

①縦軸を右クリック　　②[ヘッダーの表示]をクリック

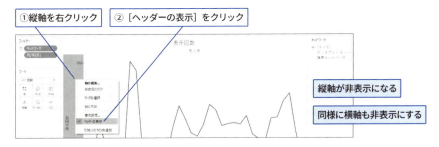

縦軸が非表示になる

同様に横軸も非表示にする

❹ ダッシュボードにワークシートを配置する

ほかの指標のワークシートも作成しておく　　ダッシュボードにすべてのワークシートとフィルターを配置　　スパークラインが完成した

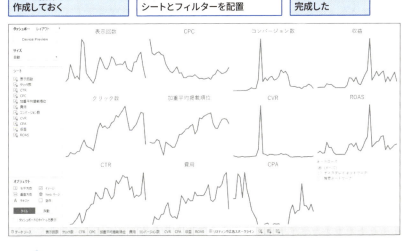

各ワークシートは共通した書式で整え、なるべくシンプルにしましょう。スパークラインではトレンド以外の情報は盛り込まないのがポイントです。

新法則

99

GSCとGAのデータ結合によるSEO施策立案

検索からのCV改善には
LPで結合したデータを使う

検索を「市場」とみなし、その市場におけるコンバージョンの割合を可視化する。
Google Search ConsoleとGoogleアナリティクスのデータ結合で実現できます。

ランディングページがすべての基準になる

　Googleは検索結果ページのhttps化を着々と進め、自然検索キーワードのほとんどが
取得できなくなりました。検索キーワード（クエリ）はユーザーが求めているものを端
的に表すデータであったため、SEOが実施しにくくなったのは事実です。

　一方、2つの環境変化により、SEOの効果測定や伸びしろの算定、合理的な施策立案は、
ランディングページ（LP）を基準に行えるようになってきました。

　1つは、Google検索におけるページ理解度の向上と検索結果の精緻化です。検索の精
度はますます高まり、ランディングページにまったく記述されていないキーワードで検索
しても、上位に表示されることはほぼありません。ランディングページのコンテンツそ
のものが、検索キーワードと高い関連性があります。

　もう1つは、Google Search Consoleの「検索アナリティクス」の登場です。旧「Google
ウェブマスターツール」からアップデートされ、クエリ別だけでなく、ランディングペー
ジ別でもデータを取得可能になりました。よって、ランディングページをキーにして
Googleアナリティクスのデータと結合すれば、クリック数、表示回数、CTR、掲載順位
といったGoogle Search Consoleの指標と、セッション、直帰数、コンバージョン数といっ
たGoogleアナリティクスの指標を一気通貫で分析できるようになります。

表示回数からコンバージョン数までを集計表で可視化

　実際に可視化するには、Google Search ConsoleとGoogleアナリティクスのデータを、
Tableauにおいて行単位で結合する必要があります。次のページにある例では、1つ目の
画面のようにプライマリがGoogle BigQuery、セカンダリがGoogleスプレッドシートとい
う異なるデータソースに接続し、結合にはTableau 10から実装された「クロスデータベー
ス結合」という新機能を利用しています。

　Google BigQueryには、Google Search Consoleのデータが格納されています。2016
年8月現在、Googleアナリティクスはクロスデータベース結合の対象になっていないた

第6章
成果の改善につながる分析アイデア

262 できる

め、セッション数やコンバージョン数はAPI経由でGoogleスプレッドシートにデータを書き出しました。その際、「参照元/メディア」を「google/organic」に絞り込んでいます。

結合が完了したら、2つ目の画面のようにランディングページ（page）を行にとったクロス集計表を作成します。表示回数（impressions）からコンバージョン（Goadl 9 Conversions）までが一気通貫でビジュアライズされ、「SEO施策がコンバージョンにどう影響するか」といった知見を得られるようになります。

◆ GSCとGAのデータ結合に基づく分析例

Google Search ConsoleとGoogleスプレッドシートのデータを結合している

2つのデータに共通する日付（date）、デバイス（device）、ランディングページ（page）をキーにする

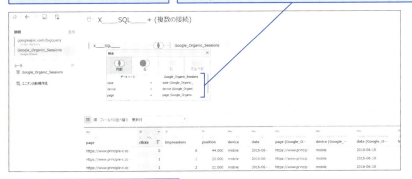

ランディングページごとに2つのツールの指標を同時に分析できる

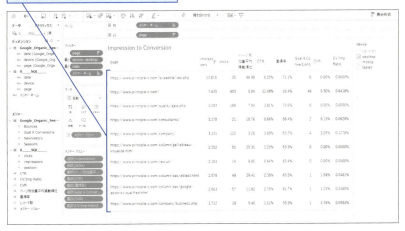

ここで実現できるのは、Googleにおける検索行動から始まる巨大なファネルの可視化です。ボトルネックへの合理的な対応も可能になります。

新法則 100

季節変動を吸収した中期トレンドの表現

1年間の指標推移はZチャートで全体像を描く

企業の業績評価のためのグラフ表現に「Zチャート」があります。1年における重要な指標の推移を示すビジュアライズとして活用してみましょう。

■ 累計と移動年計を加えて月単位の推移を描く

「Zチャート」とは、特定の指標が中期的に上昇傾向か、下降傾向かをひと目で理解できるようにするためのビジュアライズです。期間は1年で月単位とし、次の3本の折れ線グラフで構成されます。

①各月の指標
②各月の指標の累計
③各月から過去1年間の指標の合計

以下の画面がTableauで作成したZチャートです。Zチャートという名前のとおり、3本の線がアルファベットの「Z」の形を描いています。

下から順に①②③の線で、①と②の線は同じ点から始まり、②の線の最後は③の線の最後と重なります。③の線の各点は、その月からの過去1年間の合計（移動年計）となっており、季節変動を吸収したうえでの中期的なトレンドを表しています。

◆ ユーザー数を表現したZチャートの例

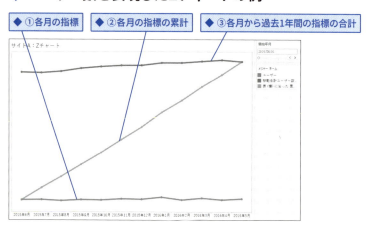

■ データの期間は「23か月」を指定する

このZチャートでは、指標としてGoogleアナリティクスの「ユーザー」を表現しています。以降、同じビジュアライズを作成する手順を解説します。

Googleアナリティクスに接続し、月単位のデータを取得するためディメンションは「月(年間)」を選択します。これをそのままTableauで使うと「201505」といった文字列になるので、計算フィールド「年月」を使ってデータ型を日付に変換します。

Zチャートで表現する期間は1年、つまり12か月ですが、移動年計の計算には23か月のデータが必要になるので、その分を期間として選択してください。例えば、2015年6月〜2016年5月のZチャートを描くなら、2014年7月〜2016年5月のデータを取得します。

ほかにも計算フィールドとして、②の線を描くための「累計対象ユーザー数」、③の線となる「移動合計ユーザー数(12か月)」、表示対象となるデータを絞り込むための「表示対象フィルター」を作成しておきます。

◆ パラメーターと計算フィールドの例

●開始年月

●年月
DATEPARSE('yyyyMM', [月 (年間)])

●累計対象ユーザー数
IF DATEDIFF('month', [年月], [開始年月]) > 0 THEN 0
ELSE [ユーザー]
END

●移動合計ユーザー数(12か月)
WINDOW_SUM(SUM([ユーザー]), -11, 0)

●表示対象フィルター
LOOKUP(MIN([年月]), 0)

◆ Zチャートを作成する　📄 100.twbx

1 フィルターを適用する

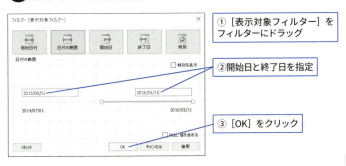

①[表示対象フィルター]をフィルターにドラッグ
②開始日と終了日を指定
③[OK]をクリック

次のページへ

❷ ②の線を①と同じ縦軸に配置する

[年月]と[ユーザー]で①の線を描いた　　[年月]は[不連続]に設定しておく

[累計対象ユーザー数]を縦軸にドラッグ

❸ ②の線を累計で表現する

①[累計対象ユーザー数]の[▼]をクリック

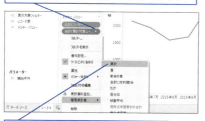

②[簡易表計算]→[累計]をクリック

❹ ③の線を同じ縦軸に配置する

②の線が描かれる

[移動合計ユーザー数(12か月)]を縦軸にドラッグ

❺ Zチャートを作成できた

③の線が描かれた　　①②③の線がつながり、Zチャートが完成した

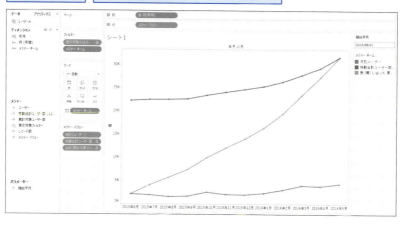

■ 右側がつり上がった「Z」は上昇傾向の証明

　下の画面は、最初に紹介したZチャート（サイトA）と、手順の解説で登場したZチャート（サイトB）を1つのダッシュボードにまとめたものです。いずれも同じ期間のユーザー数をビジュアライズしていますが、Zの形状が異なっていることに気付きます。

　左側にあるサイトAのZチャートは整った形状をしていますが、これはユーザー数に大きな上昇傾向も下降傾向もないことを示しています。ここ1年間のトレンドは横ばいだった、という意味になるため、マーケターとしてはあまり歓迎できないチャートです。

　一方の右側、サイトBはゆがんだ形状をしていますが、指標が上昇傾向にあるときの典型的なZチャートといえます。①の線は後半に向かって右肩上がりで、②の線も後半から角度が急になっているので、下半期からの方針や施策が有効であったことが想像できます。結果、③の線も右肩上がりとなり、全体的に傾いたZが描かれます。

　Zチャートは本来、部門ごとの売上金額推移の分析や企業の決算報告などで使われるもので、サイトの「収益」や「コンバージョン数」のビジュアライズも可能です。1年間の成長を示すためのチャートとして、ぜひ活用してみてください。

◆ 2つのサイトで作成したZチャートの例

異なるサイトのユーザー数を同じ期間でビジュアライズした

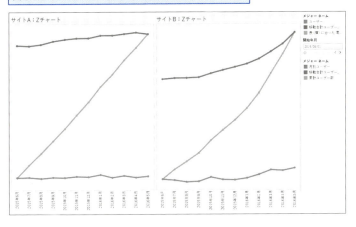

約2年分のデータが必要ですが、KGIなどの重要な業績評価指標でビジュアライズすると、重みのある分析や報告ができるでしょう。

関連		
新法則32	データの見え方を左右する連続と不連続を理解する	P.100
新法則35	合目的なデータを作るさまざまな計算式を理解する	P.112
新法則77	月途中のアクションは指標の「累計」から判断する	P.214

■ さらなる情報源を求めて

ここまで本書を読み進めていただき、誠にありがとうございました。

紙面の都合で十分に説明を尽くせなかった部分もあるとは思いますが、実際にTableauで「練習用ファイル」を開いて操作すれば、必ずや、ビジュアライズのエッセンスを理解してもらえると思います。手を動かしてもらうことはとても重要で、それによって、今後は自分自身でスキルを発展させていく素地ができてきます。

さらにTableauのスキルアップを目指す人のために、役立つ情報を以下に紹介しましょう。筆者はこうした情報源やコミュニティを「製品のエコシステム」と呼んでいます。

Tableau Public

Tableauのビジュアライズ（「Viz」とも呼ばれます）を世界中のユーザーと共有するプラットフォームです。美しいビジュアライズが満載で、ほとんどがパッケージドワークブック（.twbxファイル）としてダウンロードできます。ビューの作成方法やデザインのアイデアを「リバースエンジニアリング」的に学ぶのに最適です。

URL　**Tableau Public｜Best Viz** https://public.tableau.com/s/gallery

The 3-Minute Win

世界中のユーザーがYoutubeにアップロードした「3分でここまでのビジュアライズができるよ！」をプレゼンするTumblrです。創意に満ちたビジュアライズが作成されていく動画を見ることで、ほかのユーザーのクリエイティビティに驚いたり、「あ、そのメニューにはそこからも行けるんだ」といった操作上の気付きを得たりできます。

URL　**The 3-Minute Win** http://3minutewin.tumblr.com/

Tableau Padawan's Tips & Tricks

Tableau Japanのスタッフによるブログです。日々、日本のTableauユーザーと接しているだけに、日本ならではの「ここが知りたい！」というツボを押さえた記事が掲載されています。Tableauの情報源は英語のものが多いですが、このブログは完全に日本語、というのもありがたいです。

URL　**Tableau Padawan's Tips & Tricks** http://tableaujpn.blogspot.jp/

それでは読者のみなさん、セミナーやカンファレンスでお会いしましょう。
Happy Tableau life!

索引

アルファベット

BIツール	18, 24
CPA	106, 154
CPC	106
CSVファイル	31, 39
CTR	54, 106
CVR	106, 162
Excelファイル	28
整形	32, 34
Google BigQuery	52
Google Search Console	244, 262
Googleアナリティクス	44
「地域」の整形	107
複数サイトへの接続	48
Googleスプレッドシート	50
LOD式	113, 238
Mapbox	176
ROAS	106
SEO	244, 258
Tableau	18, 21
閲覧ユーザー	204
画面構成	23
製品構成	21
ファイル形式	60
ライセンス	22
Tableau Desktop	19, 21
Tableau Online	21, 199
サイトロール	204
自動更新	208, 210
パブリッシュ	201
ワークブックの作成・編集	206
Tableau Padawan's Tips & Tricks	268
Tableau Public	21, 268
Tableau Reader	21, 198, 200
Tableau Server	21, 199
The 3-Minute Win	268
Zチャート	264

ア

色塗りマップ	13, 146
ウォーターフォールチャート	15, 228
エクスポート	174, 199
円グラフ	133
折れ線グラフ	12, 121

カ

加重平均掲載順位	106
簡易表計算	
移動平均	218
構成比	216
ランク	136, 220
累計	214
関数	105, 115
キーワードクラウド	212
クラスター分析	242
グラフ	
色の動的な変更	142
色の変更・調整	122, 147
サイズ	123
軸の入れ替え	123
軸の同期	129
二重軸	128
分割	126
ラベル	122
グループ	82
クロス集計表	124
計算フィールド	104, 114
クエリパラメーターの除外	109
詳細レベルの式	113
データの抜けを「0」として扱う	112
独自の日付形式	109
コホート分析	238
コンテキストフィルター	98
コンバージョン率	106, 162

サ

散布図	156, 158
傾向線	160
動的な散布図	234
書式設定	172
新規セッション率	106
ストーリー	196
スパークライン	260
スワップ	123
正規表現	116
セット	86, 222
相関	156, 234

タ

ダイナミック散布図	16, 234

できる | 269

タイムターゲティング ････････････････････ 252
ダッシュボード ･･････････････････ 14, 178, 180
　URLアクション ･･････････････････････････ 192
　オブジェクトを配置 ･･････････････････････ 186
　サイズの種類 ･･･････････････････････････ 183
　ハイライトアクション ･･････････････････ 195
　フィルターアクション ･･････････････････ 188
　レイアウトを作成 ･･･････････････････････ 184
抽出ファイル ･･･････････････････････････････ 58
直帰率･･･････････････････････････････････ 105
積み上げ棒グラフ ･･･････････････････ 14, 148
ツリーマップ ･････････････････････････ 13, 154
データインタープリター ･･････････････････ 34
データソース ･･･････････････････････････････ 26
　増分更新･･･････････････････････････････ 61
　置換 ･･･････････････････････････････････ 55
　抽出 ･･･････････････････････････････････ 58
データソースフィルター ･･････････････････ 62
ディメンション ･･･････････････････････････ 44
　階層化 ･････････････････････････････････ 70
　切り替え ･･･････････････････････････････ 68
　結合 ･･･････････････････････････････････ 74
　地理的役割の付与･･･････････････････････ 72
　名前の変更 ･････････････････････････････ 66
　フィルターの適用 ･･･････････････････････ 92
　フォルダー分け ･････････････････････････ 67
　分割 ･･･････････････････････････････････ 76
ディメンションメンバー ･･････････････････ 69
　グループ･･･････････････････････････････ 82
　並べ替え･･･････････････････････････････ 134
　ビューからの除外 ･･･････････････････････ 138
ドリルダウン ･････････････････････････････ 70

ナ

ネストされたソート ･･･････････････････････ 135

ハ

バーインバーチャート ･･････････････ 15, 226
ハイライト･･･････････････････････････････ 144
ハイライト表 ･･････････････････ 16, 162, 252
箱ひげ図 ･････････････････････････････････ 166
パッケージドワークブック ･･････････････ 60
　Tableau Readerで開く ･･･････････････ 200
　エクスポート ･･････････････････････････ 199
バブルチャート ･･･････････････････････････ 212
パラメーター ･････････････････････････････ 169
　ディメンションの切り替え･･･････････････ 232

日付レベルの切り替え･･･････････････ 230
　フィルターでの利用 ････････････････ 169
パレート図･･･････････････････････････････ 164
ビジュアライズ ･････････････････････････ 18
　共有 ･･････････････････････････････････ 198
ヒストグラム ･･･････････････････････ 90, 152
ビッグファネル･･･････････････････････････ 250
日付
　直近31日間 ･････････････････････････ 210
　パラメーターによる切り替え ･････････ 230
　フィルター ･･･････････････････････････ 93
　レベルと連続・不連続を同時に設定･･･ 103
日付のプロパティ･････････････････････････ 63
ヒットベースデータ ･･････････････ 222, 238
ピボット ･････････････････････････････････ 32
ビュー ･･･････････････････････････････････ 23
　タイトルの動的な変更･･･････････････ 140
標準偏差 ･･･････････････････････････ 13, 130
ビン ･････････････････････････････････････ 90
ファンチャート ･･･････････････････････････ 236
フィルター ･････････････････････････ 92, 96
　相対日付 ･･･････････････････････････ 210
ブレットグラフ ･･･････････････････ 15, 224
ブレンド ･････････････････････････････････ 40
平均線･･･････････････････････････････････ 130
並列棒グラフ ･･･････････････････････････ 150
棒グラフ ･･･････････････････････････ 12, 132

マ

メジャー･････････････････････････････････ 44
　集計方法･･･････････････････････････････ 78
　数値形式･･･････････････････････････････ 80
モーション散布図･････････････････････････ 256

ヤ

ユニオン･････････････････････････････････ 39

ラ

ランキングチャート ･･････････････････ 14, 220
リレーションシップ ･･････････････････････ 43
レイアウトコンテナー･････････････････････ 180
連続と不連続･･･････････････････････ 100, 103
ロールアップ ･････････････････････････････ 59

ワ

ワークシート ･････････････････････････････ 118

本書のご感想をぜひお寄せください
http://book.impress.co.jp/books/1116101008

読者登録サービス **CLUB impress** | アンケート回答者の中から、抽選で**商品券（1万円分）**や**図書カード（1,000円分）**などを毎月プレゼント。当選は賞品の発送をもって代えさせていただきます。

⬤STAFF

カバーデザイン	ドリームデザイングループ 株式会社ボンド
本文フォーマットデザイン	ドリームデザイングループ 株式会社ボンド
	柏倉真理子<kasiwa-m@impress.co.jp>
DTP制作	株式会社トップスタジオ
デザイン制作室	今津幸弘<imazu@impress.co.jp>
	鈴木　薫<suzu-kao@impress.co.jp>
副編集長	小渕隆和<obuchi@impress.co.jp>
編集長	藤井貴志<fujii-t@impress.co.jp>

●本書は、Tableauと関連ソフトウェア、サービスについて、2016年8月時点での情報を掲載しています。紹介している使用方法は用途の一例であり、すべてのサービスが本書の手順と同様に動作することを保証するものではありません。

●本書の内容に関するご質問は、書名・ISBN・お名前・電話番号と、該当するページや具体的な質問内容、お使いの動作環境などを明記のうえ、インプレスカスタマーセンターまでメールまたは封書にてお問い合わせください。電話やFAX等でのご質問には対応しておりません。なお、本書の範囲を超える質問に関しましてはお答えできませんのでご了承ください。

●落丁・乱丁本はお手数ですがインプレスカスタマーセンターまでお送りください。送料弊社負担にてお取り替えさせていただきます。但し、古書店で購入されたものについてはお取り替えできません。

■読者の窓口

インプレスカスタマーセンター
〒101-0051　東京都千代田区神田神保町一丁目105番地
電話　03-6837-5016 ／ FAX　03-6837-5023
info@impress.co.jp

■ 書店／販売店のご注文窓口

株式会社インプレス 受注センター
TEL　048-449-8040
FAX　048-449-8041

できる100の新法則

Tableau タブロー ビジュアルWeb分析

データを収益に変えるマーケターの武器

2016年9月21日　初版発行

著　者　木田和廣 & できるシリーズ編集部

発行人　土田米一

編集人　高橋隆志

発行所　株式会社インプレス
　　　　〒101-0051　東京都千代田区神田神保町一丁目105番地
　　　　TEL　03-6837-4635（出版営業統括部）
　　　　ホームページ　http://book.impress.co.jp

本書は著作権法上の保護を受けています。本書の一部あるいは全部について（ソフトウェア及びプログラムを含む）、株式会社インプレスから文書による許諾を得ずに、いかなる方法においても無断で複写、複製することは禁じられています。

Copyright © 2016 Kazuhiro Kida and Impress Corporation. All rights reserved.

印刷所　株式会社廣済堂
ISBN978-4-8443-8087-0　C0034

Printed in Japan